Aufbruch zur Dimension der Tiefe

Teil 1
Hilfen für das Leben in der sozialen Welt

Herausgeber: **Perceval-Institut**
für Kosmologie und christliche
Hermetik

Franz Weber im Frühjahr 2019

Copyright: © Franz Weber 2019

Herstellung und Verlag:

BoD – Books on Demand, Norderstedt

ISBN: 9 783749 451630

Den Genien des Friedens
im Menschen und im Erdenreich

Aufbruch zur Dimension der Tiefe

Inhaltsverzeichnis

Aufbruch zur Dimension der Tiefe

Teil 1

Hilfen für das Leben in der sozialen Welt

Vorwort

Die folgenden Kapitel sind Auszüge aus der zuerst erschienen Schrift: Aufbruch zur Dimension der Tiefe – eine praktische Lebenshilfe.

Deren Inhalte sind jedoch relativ breit gestreut; sie umfassen einen spirituellen, also einen seelisch-geistigen Schulungsweg, sowie Ansätze für eine Integration des inneren, des ethisch und moralisch sich selbst bestimmenden Menschen innerhalb der Gesellschaft. Ich denke, dass der innere, der spirituelle Weg grundsätzlich mit dem äußeren Leben in der sozialen Welt immer auch verbunden ist, da es eine stetige Wechselwirkung zwischen beiden Wegen gibt. Doch mancher Zeitgenosse wird sich gegenüber den inneren, den spirituellen Welten und deren Gesetzen nicht so leicht öffnen können.

Die Gedanken, die für eine Impulsierung und Erneuerung des gesellschaftlichen und des zwischenmenschlichen Lebens in der obengenannten Schrift enthalten sind, sind meines Erachtens sehr wichtig für ein gesundes Weiterschreiten in den menschlichen Zusammenhängen, so dass hier der Versuch unternommen ist, diese darin enthaltenen gesellschaftlichen und sozialen Themen hier ohne die entsprechenden Kapitel für einen christlich-esoterischen Schulungsweg darzulegen.

Sicherlich wird dadurch das ursprüngliche Werk geteilt, da beide Bereiche schließlich zusammengehören. Doch viele Menschen sind heutzutage mehr im Äußeren „verankert", so dass sie da auch abgeholt werden dürfen.

Eine Änderung der Außenwelt bedingt schließlich auch eine Wandlung des inneren, des seelisch-geistigen Menschen und umgekehrt natürlich auch. Für eine tiefergehende Betrachtung des inneren Weges steht dann die oben genannte Schrift und weitere Werke des Verfassers zur Verfügung. Jedoch, als ein Einstieg, hin zu einem tieferen Verständnis in die komplexe und vielfältige Zeitlage kann das hier vorliegende Werk auf jeden Fall dienlich sein.

Für eine tiefer- und weitergehende Beschäftigung mit zentralen Themen des Menschseins und des Menschwerdens steht das Gesamtwerk des Verfassers oder dann auch der zweite Teil zu dem hier vorliegenden Werk bereit, mit dem Titel: Aufbruch zur Dimension der Tiefe – eine Hilfe für den Weg zum inneren Leben.

Hier nun werden Gedanken dargelegt, die zunächst Anregungen geben wollen, um sich ein tieferes Verständnis unserer Zeitlage aneignen zu können. Ich hoffe, das ist mir ein Stück weit gelungen.

Als eigenen Titel hierfür hätte ich auch wählen können: Aufbruch zur Dimension der Nähe oder auch der Weite, weil es im sozialen Leben immer auf die Pole Nähe und Distanz beziehungsweise auf die Gesten der Empathie, des sich Hingebens und denen der Selbstbehauptung ankommt, die in einem gesundenden und harmonisierenden Ausgleichen immer wieder neu miteinander korrespondieren und sich dabei abwechseln sollen, damit Innen und Außen in einem gesunden Maß zusammenwirken können.

Diese Schrift wurde zuerst im Jahre 2008 verfasst. Vieles hat sich bis heute bewahrheitet, so dass ich das Werk nun im Jahre 2019 der Öffentlichkeit in leichter Überarbeitung in Buchform präsentieren kann.

Konfliktreiche Beziehungen

Viele Menschen wünschen für sich den optimalen Partner, den Märchen-prinzen, mit dem alles harmonisch verläuft und der zu einem passt. Sol-che Beziehungen mag es auch geben, doch sie sind eher die Ausnahme. Sicherlich ist zu Beginn einer Liebe das Schöne und Harmonische über-wiegend. Mit der Zeit treten jedoch verstärkt die jeweiligen Einseitig-keiten und Charakterzüge auf, die das harmonische Gefüge recht leicht zu Fall bringen können. So denke ich, wird es gut sein, in einer Partner-schaft mit diesen Zerwürfnissen und Disharmonien zu rechnen, denn das Leben besteht eben nicht nur aus eitel Sonnenschein. Regentage und reinigende Gewitter gehören einfach mit dazu. Davon sollte man sich aber nicht unterkriegen lassen, denn diese Tage gehen vorbei und wir lernen meistens mehr über uns in Konflikten, als wenn alles nur schön und harmonisch verläuft. Beides ist wichtig.

So ist es in Partnerschaften und Familien ganz normal, wenn man länge-re Zeit zusammen ist, dass man sich an den Ecken und Kanten des Anderen stört. Ja, irgendwann kann die Beziehung dadurch ziemlich unerträglich werden, wenn man es nicht schafft, tolerant und gütig zu sein und den Anderen ertragen zu lernen, so wie er eben ist. Ansonsten sieht man fortan meist nur noch das Negative in ihm und man nörgelt und kritisiert bis hin zum ständigen Streiten.

Da ist es dann gut, eine Auszeit zu nehmen. Eine Beziehung lebt von der Nähe und von der Distanz. Zu viel Nähe schadet auf Dauer, denn man verliert sich sehr schnell darin, vernachlässigt eigene Aufgaben und droht mit der Zeit darin zu „ersticken".

Wie fühlt sich denn die Distanz an? Erst wird man froh sein, wieder zu sich kommen zu können, wenn man es geschafft hat, sich rechtzeitig ab-zunabeln. Alleinsein können, man braucht dafür auch wieder Zeit, denn man merkt recht schnell, dass man dieses gar nicht mehr so leicht aus-füllen kann und so dauert es meistens einige Tage, bis man seinen eige-nen Rhythmus wiederfindet. Dann können alte Bekannte aufgesucht oder es kann eigenen Interessen nachgegangen werden. Jeder für sich.

Neue Bekanntschaften und alte Beziehungen sind zu pflegen, Freund-schaften gilt es aufzubauen oder zu erhalten, die in der Zweierbeziehung oftmals vernachlässigt werden. So kann sich die Familie oder die Zweierbeziehung in ihrem sozialen Umfeld mit der Zeit erweitern und vergrößern. Alle profitieren davon.

Bei länger andauernder Distanz oder gar einer Trennung ist der Partner nach einer gewissen Zeit auch wieder ins Gedächtnis zu rufen. Was hat sich verändert in der Abwesenheit? Kommt Sehnsucht auf und werden die Gefühle und Sichtweisen wieder besser und positiver? Oder bleibt vielleicht ein Desinteresse und die negativen Seiten im Vordergrund? Braucht man noch mehr Zeit für sich oder sieht man wieder das Gute und damit auch das Ganze im Anderen und nicht nur das Negative?

Dieses Gute, den guten Menschen in ihm sehen zu lernen, das ist die wichtigste Aufgabe in einer Partnerschaft, wie auch in der Familie und überhaupt in unseren zwischenmenschlichen Beziehungen, denn dadurch bestärkt man diese Seite. Sieht man dagegen nur noch das Schlechte, Unreife und Unvollkommene, das natürlich jeder in sich trägt, wird dieses gerade noch mehr heraufbeschworen.

Zeiten der Trennung sind daher auch Zeiten der Läuterung, in denen wir uns von unseren negativen Sichtweisen häuten können, um wieder klar und rein das Liebewesen im Anderen schauen zu dürfen. Dann können wir, mit frischen Kräften und Impulsen erneuert und gestärkt, wieder auf uns zugehen und diese Liebe miteinander und im Weiteren auch mit der Umgebung, mit den Kindern und Bekannten teilen. Die nächsten Schwierigkeiten kommen sicher und bestimmt, denn der Alltag ist manchmal grau und schwer. Doch wir wissen dann, dass die Probleme und alltäglichen Aufgabenstellungen in einer Partnerschaft das Licht und die Liebe, die in uns sind, nur zeitweise überdecken können. Und mit den Jahren werden wir durch den Rhythmus von Nähe und Distanz, im gegenseitigen Schwingen von Zusammensein und bei sich selbst sein, bemerken, wie die Liebe gerade in diesem Rhythmus von Austausch und Reflexion, von Hingabe und Freiheit wachsen und gedeihen kann. Im Zwischenraum von Nähe und Distanz kann sich die Liebe bilden und finden, auch wiederfinden. Wir müssen sie nur zulassen und versuchen, sie bewusst und kreativ in die Partnerschaft einbringen zu wollen.

Nur harmonische Partnerschaften sich zu wünschen, ist ein Wunsch des Egos, des niederen Teils in uns, denn Konflikte bieten wesentlich mehr Lernstoff für persönliche Entwicklungen. Nur gilt es auch hier, das Maß zu finden zwischen den Reibungen und Unterschiedlichkeiten und der gemeinsamen Freude, dem gegenseitigen Vertrauen und der wärmenden Liebe.

Sicherlich sind wir durch die Erziehung, die Mitwelt und die Gene auch seelisch und charakterlich in der Persönlichkeit vorgeprägt. Das kann sich in Partnerschaften ergänzen, zusammenklingen oder auch sehr verschieden, sich gegenseitig störend und hemmend sein. Männer und Frauen sind nun einmal, allein schon durch die Geschlechtsunterschiedlichkeiten, so polar und verschieden, dass es zwangsläufig zu Differenzen und Spannungen kommen muss. Zusätzlich bestehen immer auch karmische Belastungen, die irgendwann einmal gelöst werden wollen. Wer weiß schon, was wir in früheren Leben uns alles angetan haben und was nun darauf wartet, ausgeglichen und wieder gutgemacht zu werden. Doch man hüte sich, zu sehr in alten Wunden herumzustochern und zu bohren. Denn hierbei bedarf es sehr viel an Takt und an einer objektiven Betrachtungsweise. Sicherlich steigen manchmal alte Gefühle und Verletzungen in uns auf, zum Beispiel in Träumen oder in schicksalhaften Begebenheiten, die etwas Altes berühren. Man soll sich aber nicht von unerklärlichen, meist affektiven Gefühlsausbrüchen, wie zum Beispiel einer plötzlichen Wut, Trauer, Angst, Eifersucht oder einem Neid überrumpeln lassen. Wir sollen und können uns im Ich dagegen behaupten, denn das Ich steht über allem Seelischen. Vom Ich aus gilt es, sich nicht zu sehr in emotionale und launische Ausdünstungen des Unterbewussten reinziehen zu lassen. Abstand bewahren, das ist meistens das Gebot solcher Stunden, die ganz plötzlich und unerwartet auftauchen können und manchmal wie ein Gewitter zwischen den Partnern einschlagen.

Können wir uns da behaupten und lassen uns auch nicht fortreissen von solchen bedrängenden Emotionen, so können wir sie allmählich besser betrachten und einordnen lernen. Sicher, manchmal muss auch Dampf abgelassen werden, das sollte aber nicht unbedingt den Partner treffen. Sport oder ein langer Spaziergang in der Natur kann hier eine gute Alternative sein zum nur „Rausbrüllen". Hier braucht es daher ein gewisses Maß an Selbstbeherrschung und Selbstdisziplin.

Manchmal zeigen sich alte Muster auch nur in Träumen und in seelischen Mißstimmungen. Da will sich die Seele reinigen und diese Energien loswerden. Ein zu starkes Beschäftigen damit würde dies vereiteln, da ein Psychologisieren und Analysieren das Problem nicht beseitigt, sondern manchmal nur noch verstärkt, denn man richtet seine Aufmerksamkeit und Energie darauf, wo die Seele sich vielleicht gerade davon befreien will. Wir sollen eben nicht am Alten hängen bleiben. Wir dürfen es anschauen, daraus lernen und es dann auch loslassen.

Selbstbestimmt unser Leben ergreifen, die Zukunft aus Einsicht und Liebe heraus gestalten, das ist die Aufgabe, die uns der seelisch-geistige Fortschritt innerhalb der Menschheitsentwicklung vorgeben will. Diese

Aufgabe anzunehmen, ist aber in unsere Freiheit gestellt.

So sind wir natürlich auch frei, sich für die Partnerschaft oder für eine dauerhafte Trennung zu entscheiden. Wir gestalten unsere Zukunft eigenständig, in innerer Übereinstimmung mit der eigenen inneren Wahrheit, mit dem, was wir als wahr erkannt haben und hoffen, dass diese eigene Einsicht mit dem Geist der Wahrheit korrespondiert beziehungsweise in Resonanz damit ist, denn die Wahrheit macht bekanntlich frei.

Meine Wahrheit für mich finde ich nur in mir selbst. Natürlich ist die eigene Wahrheit oftmals noch subjektiv gefärbt, so dass man zwangsläufig auch Fehlentscheidungen trifft und in mancherlei Sackgassen des Lebens gerät, um daraus lernen und neue Wege suchen zu wollen. Entscheidend dabei ist nicht das fehlerfreie Agieren, sondern das innere Streben nach der Wahrheit. Denn dann kann diese uns helfend beistehen und uns innerlich begleiten, so dass immer eine rechtzeitige Korrektur unserer Handlungen erfolgen kann.

Und niemals ist ein Konflikt oder ein falsches Verhalten so mächtig, dass wir nicht etwas daraus lernen und damit sogar etwas gewinnen können. Die Selbsterkenntnis, auch unserer „Ecken" und Charakterschwächen, ist eine Bedingung für einen seelisch-geistigen Schulungsweg, den jeder Mensch zu beschreiten hat, wenn er nicht auf einer bestimmten seelischen Stufe stehen bleiben will. Die Menschheitsentwicklung, also die evolutionäre und seelisch-geistige Entwicklung der Menschen als eine kosmische Aufgabe, erfordert schließlich auch den sozialen Menschen, nicht nur den Techniker und „Überlebenskünstler" oder den sogenannten Selbstverwirklicher, der nur seine eigenen Bedürfnisse und Interessen ausleben will. Den sozialen Menschen kann man am Besten in zwischenmenschlichen Beziehungen ausbilden und erringen.

Selbstbestimmung heißt aber nicht nur, dass man sich alles am Schönsten und Nützlichsten ausmalt und darauf eisern hinarbeitet, damit es auch so klappen muss, wie man sich das so vorstellt. Zukunft kommt uns immer auch entgegen und man weiß nie ganz, was uns da noch alles erwartet. Doch das, was uns entgegenkommt, an Schönem, Freudigen oder auch an Belastungen und Aufgaben, es will ichhaft gestaltet werden.

Das Karma, das Schicksal erscheint oft als ein Ereignis, das uns aufruft, damit umgehen zu lernen. Doch es gibt auch Zeiten, in denen nichts Äußeres und Zwingendes mehr stört oder uns zu einer Tätigkeit und

Anschauung ruft. Dann muss man halt auch einmal warten können. Doch können wir auch solche Zeiten sinnvoll nutzen, wenn man sich innerlich stärkt, durch Muse, durch Bildung, durch gesunde, kreative und nützliche Tätigkeiten, die uns sehr gut auf Zeiten vorbereiten können, in denen die Welt beziehungsweise das Schicksal wieder mehr von uns fordert und uns neue Aufgaben stellen will.

Eine Zweisamkeit kann manchmal auch eine Zurückgezogenheit und einen gewissen Stillstand mit sich bringen. Das ist auch nicht immer nur einfach. Eine Zweisamkeit oder Einsamkeit will daher auch gestaltet sein. Vielleicht entdecken wir darin ganz neue Fähigkeiten oder Kommunikationsformen mit Bereichen, die uns im irdischen, im alltäglichen Leben meist verschlossen sind. Die Stille und das Alleinsein hat Möglichkeiten und Kräfte inne, die wir bei Weitem noch nicht genügend kennen und ausschöpfen gelernt haben.

So soll unser Karma, das Schicksal dahin bewegen, dass wir lernen, es umzuschaffen zu etwas Besserem, zu etwas, das uns freier, zufriedener, wahrhaftiger und liebender werden lässt. Dies ist möglich in jeder Zeit und auf jeder Stufe des Lebens. Mit Geduld, Ausdauer und einem Mut für Neues können wir jedes Problem und jede Schwierigkeit, die das Leben uns stellt, lösen, denn das Vertrauen zu sich selbst und zur geistigen Welt wird uns immer Wege weisen, wo wir das Seiende in einem positiven und gesundenden Sinne betrachten lernen. Daraus erwachsen Kräfte für die nächsten Schritte und damit für den Weg zu einem gemeinsamen und liebevollen Tun.

Die Ehe

Die meisten Ehen werden heute nur noch aus Tradition und aus gesellschaftlicher Konvention geschlossen. Hochzeitsmessen finden statt, um den „schönsten" Tag des Lebens gebührend feiern zu können. Ein Hauch von Romantik und schönem Schein lässt etwas erahnen von der hohen Zeit, die mit der Hochzeit beginnen sollte.

Der Alltag jedoch lehrt etwas anderes. Hier erst hat die Ehe sich zu bewähren. Ein teures Brautkleid und üppige Feiern nützen da den Eheleuten nicht mehr viel, nur den Geschäftemachern, die an Hochzeiten verdienen.

Was ist der tiefere Sinn einer Hochzeit? Das mannigfache Scheitern vieler Ehen zeigt ganz deutlich, dass mit dem herkömmlichen Verstehen, auch mit dem guten Willen alleine, den Angriffen innerhalb der Ehe, also im Zwischenmenschlichen, nicht genügend geholfen werden kann.

Eine standesamtliche Ehe und damit eine Gemeinschaftsbildung vor dem Gesetz, hat oftmals nicht die Kraft, diese durch seelische Abgründe, die sich in der heutigen Zeit vermehrt auftun, hindurchzuführen, damit die eheliche Partnerschaft lebendig bleiben kann und nicht in Konventionen, Streitereien und Sachzwängen erstarren muss.

Die Ehe ist ein Sakrament, hier hat sie ihren geistigen Grund, der sie immer wieder neu impulsieren und beleben kann. Das christliche Sakrament der Ehe findet ihren geistigen Ursprung im biblischen Geschehen bei der Hochzeit zu Kana, wo das Wasser in Wein verwandelt wurde. Dies geschah durch das Zusammenwirken des Christus Jesus mit der göttlichen Mutter. „Frau, was ist zwischen uns" oder „was webt zwischen uns", bei Luther „was habe ich mit dir zu schaffen".

Diese Anrede des Christus weist hin auf das Weben zwischen den Geschlechtern und ist also der eigentliche Grund für die Ehe. Die Substanz, auf der die Ehe aufbaut, zeigt sich im Verhältnis von Mann und Frau und dann auch vom Wasser und dem Wein. Damit kann gearbeitet werden. Denn die Ehe ist nicht einmal geschlossen und dann fertig. Bei der Hochzeit wird nur der Grund gelegt, das Ziel der Ehe ist damit noch lange nicht erreicht.

Das Wasser steht für das Leben. Lebenskräfte ziehen die Partner an. Die Anziehung der Geschlechter beruht darauf, dass sich polarisierte Lebenskräfte bei Frau und Mann austauschen und damit ausgleichen wollen, so wie dies symbolisch gesehen sehr gut mit den Yin- und Yang-

Kräften in der chinesischen Kultur beschrieben ist. Die erotische Anziehung will letztlich ein Verschmelzen auf der ätherischen Ebene bewirken, damit die energetische Dualität überwunden und ausgeglichen werden kann.

Das Leben auf der seelischen Ebene zeigt zunächst eine Polarität in den Sympathie- und Antipathiekräften. Ein Austausch und Annehmen dieser Kräfte im Seelischen bedeutet und verlangt zudem eine Annahme und ein Verstehen der Anima- und Animuskräfte. Diese wollen erkannt und allmählich auch veredelt werden.

Das Leben auf der geistigen Ebene zeigt sich schließlich auf der Zeitenschiene; von der Vergangenheit in die Zukunft tragen und fordern die Schicksalskräfte, die natürlich nicht nur in Ehen, sondern auch in sonstigen Freundschaften oder in beruflichen Partnerschaften ausgelebt werden können, so wie die seelische und leibliche Ebene natürlich auch.

Für den Austausch der Lebenskräfte, für das „Wasser" braucht es somit noch keine Ehe, das geht auch in losen Formen des Zusammenseins.

Bei der Hochzeit zu Kana ist den Eheleuten der Wein ausgegangen. Der Wein steht für die Liebe. Er wird im Gegensatz zum Wasser durch die menschliche Arbeit gewonnen; Trauben müssen angepflanzt, geerntet und gekeltert werden.

Ja, in der Ehe kann es durchaus passieren, dass der Wein, dass die Lebensfreude und die Liebe ausgehen. Christus wurde von der Mutter darauf hingewiesen und so wollte er helfen. Die Mutter sprach zu Christus: „Sie haben keinen Wein mehr." Christus antwortet ihr: „Weib, achte auf die Kraft, die da webt zwischen mir und dir. Noch ist meine Stunde nicht gekommen". Die Mutter spricht zur Hochzeitsgesellschaft: „Tut, was er euch sagen wird" (Johannes Evangelium Kap.2 in der Übersetzung von Emil Bock).

Es wurden darauf sechs Krüge mit Wasser gefüllt. Sechs ist die Zahl der Venus. Venus ist die Göttin der irdischen Liebe, der Harmonie und des Ausgleichs. Dahinein das Wasser, das Leben und dieses wird durch Christi Kraft, Leben und Segen durchdrungen und in Wein verwandelt – in warme, lebensvolle Liebe, die allen Hochzeitsgästen mundet.

Wasser in Wein verwandeln bedeutet folglich, dass noch etwas Höheres einziehen kann in die Lebensbegegnung zweier Menschen. Das Sakrament der Ehe baut auf die Liebe, die alles annehmen kann, auch was das Leben an Schwerem und Kantigen an sich hat. Der Ring der Liebe rundet die Ecken.

Eine Ehe beinhaltet somit verschiedene Ebenen, wo und wie sie gelebt sein will. Vordergründig ist sie natürlich eine Tisch- und Bettgemeinschaft. Dafür braucht es heutzutage aber keinen Trauschein mehr. Die bürgerliche, standesamtliche Ehe bekräftigt nur den Willen, einen gemeinsamen, gesellschaftlichen Weg mit den zugehörigen juristischen Rechten und Pflichten gehen zu wollen. Das Sakrament der Ehe, die Heirat vor der geistigen Welt, will noch einen Schritt weitergehen.

Auf der irdisch-leiblichen Ebene der Ehe gilt zunächst ein Füreinander. Eine Solidarität ist verlangt, was die wirtschaftlichen Belange, aber auch die körperlichen und die sinnlichen Bedürfnisse der Ehepartner betrifft. Ätherisch, also im Lebensgefüge ist ein Ineinander, ein Austausch und ein Verschmelzen angesagt. Seelisch geht es dagegen eher um ein Miteinander, um ein gleichberechtigtes Ringen und sich Entwickeln. Anima- und Animuskräfte wollen gleichwertig anerkannt und geachtet sein, denn erst im Miteinander erreichen sie die Fülle einer Ganzheit. Geistig dürfen die Eheleute nebeneinander vorwärts schreiten. Hier muss Freiheit walten, jeder soll sich eigenständig entwickeln dürfen, um seine individuellen Fähigkeiten ausbilden und anwenden zu können. Dies sind die Grundlagen für die vier Ebenen in einer partnerschaftlichen Ehe. Damit kann der Lebensalltag gestaltet, können die Schicksalskräfte, die Wasser des Lebens durchdrungen werden.

Die Ehe bedeutet praktisch gesehen ein unbedingtes Ja zum gemeinsamen Schicksal und damit zum Partner, zum „Du". Die Aufarbeitung und Umwandlung des gemeinsamen Schicksals, das mitunter karmisch stark belastet sein kann, ist oftmals eine schwierige Aufgabe, die ichhaft ergriffen werden will. Dafür muss man reif sein und auf vieles verzichten können, das dieser Aufgabe im Wege steht, wie zum Beispiel das nur sich selbst Ausleben und Amüsieren wollen oder nur eigenen Interessen nachgehen oder nur Nehmen zu wollen.

Das gemeinsame Schicksal will willentlich, also ichhaft gegründet sein. Die Ehe ist ein Willensschritt, den beide ganz bewusst gestalten sollen. Dabei dürfen die höheren Mächte und Wesen einbezogen sein. Dadurch bilden sich nämlich mit der Zeit die Engel der Ehen und Familien, das heißt, Engelwesen verbinden sich mit den Eheleuten, wenn diese sich dem Spirituellen hinwenden lernen. Diese Wesen wirken als die guten Geister und Wächter über den zwischenmenschlichen Gemeinschaften, denn sie stehen über unseren irdischen und schicksalhaften Sorgen und Verpflichtungen und sind über unsere alltäglichen Mühen und Kleinlichkeiten erhaben. Von ihnen dürfen wir uns, vor allem in Krisenzeiten, führen und beraten lassen. Diese geistigen Engel-Wesen dürfen immer gerne bewusstseinsmäßig angesprochen und dann auch eingeladen werden.

Die Entwicklung und Bewusstwerdung der sieben Sakramente von der Taufe an beginnend, zur Kommunion und Firmung beziehungsweise zur Konfirmation und zur sogenannten Beichte und zum Abendmahl, dann zur Ehe, zur Priesterweihe und schließlich zur letzten Ölung oder Initiation, diese Reihenfolge kann aufzeigen, dass die Ehe eine wichtige Stelle, nämlich die fünfte Ebene, eben noch vor der Priesterweihe innehat. In analoger Weise entsprechen die Sakramente in diesen Stufen der Entwicklung der Chakren in einem christlichen Sinne, so wie ich dies in früheren Schriften genauer ausgeführt habe und in einem späteren Kapitel noch einmal aufgreifen werde.

Die Ehe kann folglich mehr als eine Tisch- und Bettgemeinschaft sein. Sie beinhaltet vor allem auch einen seelisch-geistigen Entwicklungs- und Schulungsweg für die Partner.

Was webt zwischen Mann und Frau, leiblich, seelisch und geistig?

Leiblich natürlich die Geschlechteranziehung und der Eros, an dem zeitlebens gearbeitet werden kann, damit das Eheleben lebendig, anziehend und kreativ bleibt.

Seelisch stellt sich die Aufgabe eines Schicksalsausgleiches dieser Schicksalsgemeinschaft und der Aussöhnung der männlich-weiblichen Seelenanteile, also von Anima und Animus, um allmählich eine Ganzheit in der eigenen Seele finden zu können. Der Partner spiegelt oder provoziert die eigenen Seelenanteile, er reizt sie solange, bis sie aufbrechen und zwar immer wieder, damit sie bewusst werden und dann angenommen, gewandelt und letztlich integriert werden können. Die Ehe will also ein Weg sein zur Ganzheit des menschlichen Wesens.

Das Geistige bei Mann und Frau ist ebenfalls polar ausgerichtet. Beim Mann strebt es mehr nach Außen, in die Welt, in die Ratio und in das tätige Schaffen; bei der Frau nach Innen, zum inneren Leben, zum Rhythmus des Leibes und des seelischen Erlebens, hin zu einer inneren Weisheit. Da können Männer und Frauen sich anregen und ergänzen. Der Mann soll Weibliches in sich aufnehmen, die Frau Männliches. Die Geschlechtertrennung darf auf diesem Wege einmal überwunden werden, das ist Weltenwille.

In der Ehe soll eine Vermählung des Geistes mit der Seele und der Seele mit dem Geist geschehen und zwar im Leib, im irdischen Leben; bis dereinst ein Leib alles enthält. Der Geist steht für das männliche, die Seele für das weibliche Prinzip. Eine sakrale Verbindung schließt folglich den Tisch, das Bett beziehungsweise den Leib mit ein. Eine Vermählung von Himmel und Erde, von Geist und Seele im Leib will sich im tiefsten Grund ereignen. Das bedeutet die hohe Zeit, die Hochzeit, wenn die Seele den Geist findet und der Geist in der Seele Wohnung nimmt, sich mit ihr vereint, im Leib, im irdischen Leben. „Wo zwei in meinem Namen versammelt sind, da will ich mitten unter ihnen sein".

Hieraus ergeben sich die Ideale für ein gemeinsames spirituelles Wachsen, jeder auf seine Weise, aber doch in dem gemeinsamen Dritten verbunden, das sie auch in schwierigen Zeiten zusammenhält.

Das Christuswesen ist das Zentrum einer sakramentalen Ehe. Ohne dieses Ideal, ohne diesen geistigen Kraftquell einer Ehe haben es Eheleute heute sehr schwer über die alltäglichen Belange, Mühen und Streitereien hinauszukommen.

Die Ehe beinhaltet somit selbst ein Ideal, nämlich immer mehr dem Christus nahe zu sein und sich im tiefsten Sinne mit ihm zu vermählen, auf dass daraus eine größere Gemeinschaft erwachsen kann, die jeden Menschen als Bruder und Schwester sehen lernt. Aus solchen Ehen, die wie Lichtkeime in der Welt wirken, können folglich auch ganz neue Aufgaben und Möglichkeiten für die Welt und in der Welt entstehen.

Die Ehe in ihrem ganzheitlichen Sinne bietet nicht nur ein wohliges Zuhause für die Partner und Kinder, sie bietet auch einen Weg und den Grund für eine große spirituelle Gemeinschaft von Mensch zu Mensch, von Frau zu Mann und von zwei Menschen zur oder mit der göttlich-geistigen Welt.

Hier erst hat sie ihren tiefen Sinn, ihre Aufgabe und ihr Ziel. Hier ist sie Kraftquell und das Licht, das alle und alles erleuchtet. Wie zarte Keime mögen solche Ehen an vielen Orten erstehen, damit ihr Licht und ihre Kraft einer zukünftigen Welt zugute kommen kann.

Im Wein der Liebe, im verwandelten Wasser des Christus, von diesem Wein dürfen die Eheleute immer wieder kosten, auf dass sie ihr Leben und ihr Schicksal mehr und mehr durchtränken können mit dieser Liebe, mit diesem Wein. Aber nicht nur für sich, denn die ganze Hochzeitsgesellschaft, alle sollen davon trinken dürfen. Die Ehe will sich weiten, sie will Gemeinschaft sein für viele, die sich darin einleben, mitwachsen und erfreuen können und sie will den Himmel mit der Erde vermählen. Darauf kommt es letztlich an.

Beziehungsarbeit

Die zwischenmenschlichen Beziehungen dauerhaft zufriedenstellend und bereichernd zu gestalten, wird in unserer Zeit immer schwieriger. Natürliche Lebenszusammenhänge wie Familien und Freundschaften werden immer brüchiger. Scheidungen, Einsamkeitsgefühle, Konflikte und Streitereien nehmen zu, das soziale Klima wird zusehends kälter. Die Reichen horten, die Armen werden mehr, die Armut wird größer. Das, was man hat, will man immer weniger teilen mit denen, die weniger haben, zum Beispiel was die Arbeit und das Vermögen betrifft. Der Egoismus, wie auch ein Mangelbewusstsein, wächst und wächst; man will lieber nehmen als geben, sei es beruflich, privat oder in der Gesellschaft, so dass darunter mit der Zeit zwangsläufig das Gemeinwohl leiden muss.

Kaum wird dabei wahrgenommen, dass eigentlich jeder von anderen abhängig ist. Niemand kann sich in unserer Gesellschaft mehr alleine selbst versorgen. Doch ist dies bewusstseinsmäßig noch nicht genügend realisiert, denn es herrscht mehrheitlich noch eine Selbstversorgungsmentalität, wo jeder meint, nur für sich und die Seinen arbeiten und sorgen zu müssen. In einer arbeitsteiligen Fremdversorgungsgesellschaft, so wie diese heute eine Wirklichkeit ist, arbeitet jeder für den Anderen beziehungsweise für das Gemeinwohl, also für das Ganze. Die negative Seite dieser an sich richtigen Entwicklung zeigt sich jedoch darin, dass es immer mehr Menschen gibt, die andere für sich arbeiten lassen, ohne selbst einen großen Beitrag zu leisten beziehungsweise lässt man das Geld für sich arbeiten.

Wenn nur noch ein Teil der Erwachsenen von einem Arbeitseinkommen lebt und ein immer größer werdender Teil von Transferleistungen, also vom Staat oder von Miet- und Kapitaleinnahmen, so zeigt dies recht deutlich an, dass zwischen den Menschen ein Gefälle eingetreten ist, wo nicht mehr ein Geben und Nehmen, also ein Ausgleich von Waren und Dienstleistungen besteht, sondern das Geld an die Stelle von menschlichen Tätigkeiten und Leistungen getreten ist.

Die Reichen schotten sich ab, ein Polizeistaat wird aufgebaut, der diese schützen und bewerkstelligen soll, dass dieses System immer weiter funktioniert. Tatsächlich wird seit Jahren eine Geldumverteilungsstrategie betrieben, die die Reichen und Mächtigen noch reicher macht. In meiner Schrift: „Zeitfragen im Lichte der hermetischen Philosophie" sind dafür vertiefende Gedanken angeführt.

Somit stoßen immer öfter Interessenkonflikte aufeinander. Jede Partei beziehungsweise jede Gruppe pocht auf die Ausübung ihrer Interessen und letztlich setzt sich der „Stärkere", der Mächtigere durch, so dass dieser zunächst am meisten Vorteile für sich herausziehen kann. So ist es im Großen wie im Kleinen.

Immer wird dabei die grundsätzliche Frage berührt zwischen dem Gegensatz beziehungsweise zwischen den Polen der persönlichen Entfaltung und dem Gemeinwohl, also der sozialen Verantwortung für das Ganze. Gerät die Waagschale zu sehr in eine Richtung, wird daraus Krankheit entstehen. Entweder der Einzelne leidet unter den Direktiven und Pflichten der Gemeinschaft oder der Gemeinschaftssinn wird zu wenig gefördert, was letztlich zu einem Zusammenbruch des Gemeinwesens führen kann.

Somit wird es hier sehr leicht ersichtlich, dass es eine enorme Arbeit ist, menschliche Beziehungen so zu gestalten, damit sie zu einer Zufriedenheit und Gesundheit von allen innerhalb einer Gemeinschaft beitragen können.

Beziehungsarbeit bedeutet die Arbeit mit dem Mitmenschen, wie auch die Beziehung und die Arbeit an sich selbst, denn da gibt es oftmals auch widerstreitende Interessen. Die Vernunft, als Beispiel, würde vielleicht so entscheiden, die Wunschnatur oder gewisse Begehrlichkeiten und Triebe wieder ganz anders. Diese inneren Konflikte erfordern meistens sehr viel Energie und müssen erst einmal ausgestanden sein, bevor eine Ausgeglichenheit und Zufriedenheit entstehen kann. Immer hat man es jedoch mit der Polarität des Einzelnen und der Gemeinschaft zu tun beziehungsweise einem Einzelinteresse oder auch mehreren Einzelinteressen und dem Wohl des Ganzen.

Heute überwiegt in unserer Zivilisation meist das Einzelinteresse, das Ganze, das Gemeinwohl, aber auch der Mensch als ganzheitliches Wesen, sie leiden darunter. Darin zeigen sich letztendlich gegensätzliche Bewusstseinshaltungen, die erst einmal in Einklang gebracht werden müssen – und zwar zuerst im Menschen selbst.

In einer Gesellschaft von Egoisten wird es mit der Zeit unerträglich werden, darin menschenwürdig zu leben. Streit, Konkurrenz, Neid bis hin zum Krieg sind die Resultate, wenn nur noch die Eigeninteressen im Vordergrund stehen, sei dies in Partnerschaften oder auch im Zusammenleben verschiedener Völker.

Wie kann nun die Polarität: Einzelner und Gemeinschaft, in einen gesunden Dialog gebracht werden, so dass kein Kampf, sondern ein Ausgleich und damit eine Bereicherung für Alle stattfinden kann?

Polarität und Steigerung heißt die „Zauberformel" bei Goethe. Sicherlich ist zunächst erst einmal die Ebene auszuloten, in der Gegensätze beziehungsweise verschiedenartige Wünsche sich gleichwertig gegenüber stehen können und man einen Kompromiss finden kann, wo dann alle Interessen ein Stück weit gewürdigt sind.

Die Steigerung meint aber eine Ebene, die über den beiden gegensätzlichen Polen steht und diese somit verbinden kann, wo also das Gemeinwohl und das Einzelinteresse zusammen kommen können.

Wird das Gemeinwohl gefördert, so dient dies auch dem Einzelnen; wird der Einzelne in seinen individuellen Bestrebungen von der Gemeinschaft gefördert, so kann er sich individuell entfalten und sich mit seinen Fähigkeiten dem Gemeinwohl einbringen. Dazu bedarf es allerdings der Bereitschaft, sich ein Bewusstsein auszubilden für die Gemeinschaft. Oftmals bleibt das Eigeninteresse, der Egoismus so im Vordergrund, dass die Gemeinschaft, der Staat, die Familie, das Ganze nur noch verächtlich denunziert oder gar ausgebeutet wird. Das ist krank, denn eine soziale Verantwortungslosigkeit zeigt einen seelischen Mangel, eine soziale „Behinderung" an.

Gewiss gibt es auch Staaten und Verhältnisse, in denen der Einzelne nichts oder wenig zählt, wo er nur dem Ganzen beziehungsweise den „Oberen" zu dienen hat. Im Westen hat sich dieses Verhältnis aber umgedreht, da will jeder nur für sich das Meiste rausholen, der Egoismus blüht.

So muss heute vor allem die Fähigkeit des Dienens, der Selbstlosigkeit und das Eintreten für das Ganze geschult werden und zwar von der frühkindlichen Erziehung an, denn diese Fähigkeiten fördern auch die gesunde Entwicklung des Einzelnen. Dienen die Einzelnen der Gemeinschaft und dient die Gemeinschaft dem Einzelnen, so entsteht daraus ein Heil für alle Beteiligte.

Leider gibt es heute, sogar in unserer wohlhabenden Gesellschaft, recht viele Menschen mit einer sozialen Behinderung, die gegen das Gemeinwohl arbeiten, sei es im kriminellen Milieu oder ganz legal im Geldwesen, wo die Superreichen immer höhere Gewinne einfahren, auf Kosten der Schwächeren. Allein im Jahre 2006 soll das Vermögen der zweitausend Reichsten um 18 % gestiegen sein, während die Weltwirtschaft nur um 4 % gewachsen ist. Das Geld der Superreichen vermehrt sich enorm, die weltweite Armut nimmt aber nur wenig ab. Wo muss also das Geld für die Reichen herkommen, denn von der Wirtschaft allein geht das gar nicht mehr. So werden zwangsläufig immer mehr Menschen ausgebeutet: längere Arbeitszeiten, weniger Lohn, höhere Mieten, steigende Preise oder es wird nur noch ein Hartz 4 Almosen gewährt für die Menschen, die keine Lohnarbeitsstelle haben.

Die gesunde Mitte zwischen Arm und Reich geht zunehmend verloren. Der Egoismus herrscht und macht sich breit. Geistige Gesetze, das soziale Verhalten und menschliche Werte werden weniger berücksichtigt. Es sei denn, das Leiden wird irgendwann so groß werden, damit die Menschen sich wieder auf das Gute und Gesunde besinnen müssen.

Auf der anderen Seite wachen glücklicherweise immer mehr Menschen auf und bringen sich ein in die Notlagen der Welt und in die Aufgaben der Zeit. Dies schafft einen gewissen Ausgleich, aber noch keine wirkliche Lösung.

Nun ist es jedoch so, dass das Soziale gar nicht von „Oben" verordnet werden kann, denn ein verordnetes Benehmen ist noch keine individuelle Fähigkeit. Eine Sozialfähigkeit sollte in Zukunft von den Menschen selbst errungen werden. Nur die Rahmenbedingungen seitens der Politik müssen dringend geändert werden, damit der Egoismus nicht weiter belohnt wird, zum Beispiel durch eine Steuerpolitik, die die Geldspekulationen und die Superreichen belohnt und die Arbeitenden ausnimmt.

Geld darf kein Mittel zur Macht sein. Es soll dahin fließen, wo ein Bedarf ist und es soll da genommen werden, wo zu viel vorhanden ist, dann dient es dem Ganzen und nicht nur einer kleinen „Elite".

Eine höhere Ebene zu den Einzelwesen und dem Gemeinwesen wird erst gefunden, wenn menschliche Werte, wenn der Humanismus und vor allem das Prinzip der Brüderlichkeit beziehungsweise der Geschwisterlichkeit an die Stelle von globalem Wettbewerb, von Wachstumszwang, von Imperialismus und von menschlichen Schwächen wie der Macht- und Habsucht gestellt werden.

Das Gleichheitsprinzip zwischen den Menschen erlaubt es eigentlich gar nicht, dass der Eine sich auf Kosten der Anderen bereichert. Es geht schlichtweg um die Selbstbestimmung des Einzelnen, also um die individuelle Freiheit und die ist nur gewährleistet, wenn die Menschen ihre materiellen, sozialen und geistigen Bedürfnisse erfüllen können. Wenn sich dies aber nur noch die Reichen leisten können, ist die Gesellschaft krank.

Krankheit entsteht, wenn zu sehr eine Polarität beziehungsweise ein

Extrem ausgebildet wird. Also hier entweder das Einzelinteresse oder das Gemeinwohl. Wird das Gruppenhafte zu stark gefördert, wodurch sich dann die Einzelnen nur noch unterzuordnen haben, ist dies gesellschaftlich gesehen ebenfalls krankmachend, so wie dies beispielhaft kommunistische und andere totalitäre Systeme immer wieder zeigen, wenn also die Eigeninitiative zugunsten einer Ideologie oder eines Gruppenzwanges beschnitten wird. Der Kapitalismus fördert dagegen die Eigeninitiative, aus der aber ein enormer Egoismus hervorgehen kann, wenn wiederum der andere Pol, das gemeinschaftliche oder soziale Element vernachlässigt wird. Das Gesunde und Weiterbringende ist meist in der Mitte beziehungsweise in einer Ebene zu finden, die dann beide Teile integrieren kann.

Eine Beziehungsarbeit schließt folglich die zwischenmenschliche Arbeit, die Arbeit an sich selbst, an den Egoismen und seelischen Einseitigkeiten mit ein und im Weiteren auch die Arbeit an der Erlangung von menschlichen, religiösen und moralischen Werten, die uns ganzer und damit heiler machen können. Zudem ist eine gesellschaftliche Arbeit, also die Beziehung zur Gesellschaft, zur Gemeinschaft ausschlaggebend für das Wohl der Einzelnen wie für die Gemeinschaft. Und letztlich beinhaltet eine Beziehungsarbeit auch das Verhältnis zur geistigen Welt und damit zu Gott. Dies ist im Zeitalter des Intellektualismus und des Materialismus oftmals das Schwierigste. In diesem Mangel wurzelt meistens auch das Übel eines unsozialen Verhaltens.

Ein religiöser Mensch, der die Beziehung zu seinem göttlichen, inneren Wesen gefunden hat, wird gar nicht mehr zum Schaden anderer handeln können, denn dadurch würde sich sein Inneres sogleich verdunkeln. Er würde sofort spüren, dass sein Handeln nicht dem Wohl des Ganzen förderlich ist und damit auch seinem eigenen Wohl zuwider läuft.

In früheren Religionen und religiös geprägten Gesellschaften gab es noch Sitten, Bräuche, Regeln und Gesetze, die das soziale Leben bestimmten und ordneten. Im Zeitalter des Individualismus muss jedoch jeder Einzelne seine moralischen Werte selber finden, die er selbstbestimmt und in Freiheit entwickeln will. Um also nicht in einen Egoismus abzutriften, der die negative Seite eines Individuationsprozesses darstellt, muss sich der Einzelne seiner „eigenen" Religion zuwenden, seiner individuellen Rückverbindung zum Göttlichen, so dass jeder eine persönliche, individuelle Beziehung zu Gott in sich selbst finden kann. Selbstverständlich kann dies auch in Gemeinschaften geschehen, denn diese können die Bemühungen und Kräfte der Einzelnen enorm verstärken. Aus der „Religio", aus der individuellen Verbindung mit der göttlich-geistigen Welt strömen die moralischen Kräfte, Ideale und Tugenden uns zu, ohne die kein gesundes Weiterschreiten möglich ist. Doch das ist für viele gar nicht mehr so einfach. Unser aufgeklärtes, wissenschaftliches Bild der Welt hat oftmals gar keinen Platz mehr für das Übersinnliche. Alles soll physikalisch, naturwissenschaftlich erklärt werden können. Dadurch begrenzt sich der Mensch aber selbst, im Extrem dann nur noch zu einem biologischen Wesen, zu einem Biologismus, der genetisch von seinem Gehirn beziehungsweise von seinem Leib determiniert ist. Dieser Wissenschaftsglaube macht sich zusehends breit und will damit schon in der Erziehung der Kinder ansetzen. Kinder haben aber noch einen natürlichen Bezug zum Übersinnlichen. Dieser sollte eher gefördert werden, damit die Heranwachsenden nicht in die Kälte eines Seelenlebens fallen müssen, das die Welt in den Größen von Maß, Zahl und Gewicht darstellt und dabei mit der Zeit immer stärker nur noch einen Nützlichkeitsgedanken zulässt.

Sämtliche zwischenmenschliche Beziehungen werden heute hauptsächlich unter diesem Gesichtspunkt betrachtet. Nützt mir eine Beziehung nichts mehr, so schmeiße ich sie hin. Ein Aushalten, Durchtragen und ein sich Entwickeln wollen im „Einer trage des anderen Last", wird somit vollständig unterbunden.

Doch wie werden wir wieder beziehungsfähig, wie finden wir die Beziehung zu Gott, woraus die Kraft für jegliche Beziehungsfähigkeit urständet? Und, wie finde ich wieder die Beziehung zu mir selbst, zu meinem inneren Wesen, damit ich mit diesem in Einklang kommen kann und damit auch mit meinem Gewissen?

Ein kompliziertes, intellektuelles, aber auch philosophisches Denken führt da nicht genügend heran beziehungsweise vereitelt dieses sogar, denn zu leicht können Zweifel oder eine Wissbegier vom Eigentlichen trennen.

So müssen wir werden wie die Kinder. Das ist es. Christus deutete darauf hin. Nähe suchen, sich einlassen, annehmen, sich behüten lassen, sich geborgen und geliebt fühlen; so wie sich Kinder an ihre Eltern anschmiegen, so darf sich die Seele zu Gott hinwenden.

Gott nimmt an und heilt – auch unsere Sehnsüchte, Schmerzen und Fehler. Er verzeiht; wir dürfen ihm daher alles übergeben, auch unsere Sorgen, Nöte und Gebrechen. Und wir dürfen ihm kindlich vertrauen, dass er uns hilft.

So dürfen wir auch Bitten um eine persönliche Beziehung zu unserem

Engel, der uns seit langen Zeiten begleitet und weiß, wohin sich unser Weg wenden soll. Und auch zu Christus, dem Herrn unseres Schicksals, der uns hilft, dieses zum Guten zu wandeln, darf unser Bitten reichen und natürlich zu Gott, zum Leben im Geist, von dem alles ausgeht.

Wir dürfen beten und bitten um Hilfe, Erkenntnis, Heilung und Erleuchtung. Und wir dürfen danken, auch wenn man noch nichts spürt vom Heilerwerden. Das Danken, das dankbare sich Anschließen an den göttlichen Grund ist der Schlüssel, damit dieser wirken kann. Die Hilfe, das Heil kommt bestimmt; wir brauchen nur Geduld, Ausdauer und ein beharrliches Ringen und Streben, dürfen daran lernen, wachsen und reifen. Umsonst bekommt man nichts, denn man muss sich hierfür innerlich bewegen, man muss Altes, Überholtes loslassen können, man muss Zweifel überwinden und sich und seine negativen Einstellungen und Verhaltensweisen opfern können, voll Liebe und Vertrauen. Der Glaube an das Gute schenkt die Kraft für diesen Weg. Dieser Glaube ist aber kein Bekenntnis, kein Gefühl oder gar eine Weltanschauung. Was den Glauben wachsen lässt, ist der gelebte Glaube, ist der tätige Glaube, der in der Tat, in der Nachfolge Christi zu finden ist. Der Glaube in der Nachfolge Christi ist eine Liebestat. Darin leben wir uns selbst in das Leben Christi ein beziehungsweise beginnt Christus in uns mehr und mehr zu leben.

Ein inneres Erleben und Schauen darf daraus erwachsen, durch das man fähig wird, mehr Liebe, mehr Annahme der Mitmenschen und damit mehr Liebe für die Welt zu geben. Gott will nicht, dass wir uns abkapseln von der Welt und diese verurteilen, schlechtreden und sich nur in das eigene Innere zurückziehen, auch nicht in Gott hinein. Denn das wäre eine Weltflucht.

Es geht um eine Beziehungsfähigkeit – zu sich selbst, zu den Mitmenschen und zu Gott. Dafür muss manchmal Versäumtes nachgeholt werden, zum Beispiel aus der frühen Kindheit, wo bestimmte Mängel entstanden beziehungsweise auch ein Mangelbewusstsein angelegt wurde. Man darf sich und andere aber immer auch loben und annehmen, so wie man eben ist. Wir dürfen für alles dankbar sein, auch für die Mängel, an denen wir lernen, uns schulen und entwickeln können. Eine direkte, ehrliche und offene Beziehung darf aufgebaut werden, in der Sympathie, Empathie und Liebe für sich und die Anderen Einzug finden, das heißt mit anderen Worten, wir dürfen unser Herz öffnen und sie, die Mitmenschen darin einlassen. So wird man mit der Zeit auch ihr inneres Wesen und damit auch das eigene sehen lernen und nicht mehr nur in Äußerlichkeiten und negativen Sichtweisen stecken bleiben.

Leicht wird man hier aber einwenden können, dass dies zu schwer ist für die meisten Menschen, da man eben ein subjektiv empfindendes Wesen mit eigenen Interessen ist und vieles in der Welt daher entweder sympathisch oder antipathisch erscheint und folglich abgelehnt wird. Ja, als Person stoße ich mich natürlich immer an Andersartigkeiten. Der Geist in mir, der alles annehmen kann, nicht verurteilt und ausgrenzt, ist der Geist der Liebe, ist Christus. So dürfen wir mit Paulus lernen zu sprechen: „Nicht ich, der Christus in mir".

Lassen wir daher den Geist des Christus in unserem Geiste leben, im Inneren der Seele, in unserem Ich, das gelernt hat, sich hinzugeben und diesem Christusgeist in Freiheit und Einsicht einen Raum in sich zu geben. Öffnen wir unser Herz durch Mitleid und Liebe für den Anderen und unser Gewissen für die Einströmungen des hohen Selbst, so kann die Christusliebe auch in uns Einzug halten. Wir beginnen dadurch die Welt mit seinen Augen, in seinem Schauen zu betrachten. Das göttliche Leben kann uns sodann durchdringen, es durchpulst und heilt die Seele bis in den Körper, bis in jede Zelle hinein, wenn wir dies denn wollen und zulassen, geschehen lassen. Das Rufen und Flehen, die Einladung, die Öffnung und das Eintreten in die innere Stille kann diesen Gnadenakt bewirken.

Ruhig werden, in der Ruhe sein, selbst Ruhe sein, Stille ...

In der Stille ist die Kraft, ist die Weisheit, ist die Liebe zu sich, zu Christus und zum Du zu finden.

Damit dürfen wir in die Welt gehen. Ein Spiel zwischen Introversion und Extroversion kann sich mit der Zeit heranbilden. Zu viel Introversion, Innenarbeit – man kapselt sich ab von der Welt; zu viel Extroversion – man verliert dadurch allzuleicht den inneren Menschen. Vielleicht hat man zwar viel Erfolg in der Welt, in äußeren Dingen, doch was nützt dies, wenn dabei der innere Mensch verarmt?

Gewiss gibt es auch immer wieder Zeiten, in denen mehr die irdischen Dinge und Aufgaben anliegen, wo wir uns sehr leicht darin verstricken können und dann den Geistbezug verlieren können. Daraus müssen wir uns allmählich wieder emporringen und aus dem lebendigen Geist neue Kräfte schöpfen, um damit wieder die Welt befruchten und wandeln zu lernen. Der Himmel soll in die Erdenwelt, die Erde dem Himmel dargebracht werden. Immer gilt es, einen Ausgleich zu schaffen, das Innen und Außen, wie auch das Oben und Unten zu verbinden, so wie auch das Männliche, entsprechend dem Außen mit dem Weiblichen, dem

Innen, ins Gleichgewicht gebracht werden muss, damit wir ganzheitlich, in einer Fülle leben können.

Auf dem Weg dahin dürfen wir uns bemühen, Achtung und Respekt vor dem Anderen zu haben, mit seinen ganz persönlichen Aufgabenstellungen, Nöten und Schwierigkeiten. Wir dürfen nicht dabei stehen bleiben, nur seine Mängel und negativen Seiten zu sehen. Es gilt, das Gute, den Christus in ihm sehen zu wollen – überall, auch in sich selbst, in der Welt, im Nächsten, den uns das Schicksal zugestellt hat und im Du, im Partner und Mitmenschen.

Jeder kann sich dafür öffnen, egal wo er gerade steht; das Gute steht uns allzeit bereit, es hilft und heilt die Dunkelheiten und Abgründe im eigenen Seeleninneren.

Darum lasse ein das Licht, die Liebe und das göttliche Leben und du wirst wahrhaft wandeln auf dem Wege hin zum Menschen, zum Bruder, zu Gott und zu dir.

Am Abgrund der Sucht

In unserer heutigen Zeit ist fast jeder in irgendeiner Form mit einer Suchtproblematik konfrontiert und sei es nur vor dem Fernseher, vor dem Computer oder mit den leckeren Näschereien und dergleichen mehr. Manche Süchte sind dabei relativ harmlos, andere dagegen können mit der Zeit zu solchen Abhängigkeiten führen, dass dadurch recht schnell Krankheit und Verfall eintreten.

Woher kommt nun das Bedürfnis nach irgendwelchen Stoffen, die uns das Leben schöner, angenehmer und erfüllter machen sollen?

Zunächst hängt die Sucht mit einer Tendenz - hin zur Flucht zusammen; ja, man will dem grauen, eintönigen Alltag mit den vielfältigsten Problemen und Anforderungen entfliehen. Das ist die eine Seite. Im Wort Sucht steckt zudem noch die Suche darinnen. Die Suche nach einer vermehrten Lebensintensität, nach stärkeren Gefühlen, Genüssen und Erlebnissen treibt die Menschen - und da schon ab dem Kindheits- und Jugendalter, zum Ausprobieren der vielfältigsten Verlockungen, die uns das „moderne" Leben bieten kann. Letztlich ist es jedoch immer ein Konsumieren von etwas, das uns Lust beschert, wobei wir selbst recht wenig an Eigenleistung dazu beitragen müssen. Das Suchtmittel beziehungsweise das Suchtmedium beschert mir etwas, es hilft mir zur Erlangung einer Befriedigung eines bestimmten Bedürfnisses, es wird mir so zu einem Helfer und Freund, der mir etwas bringt, mich bereichert – zumindest anfangs, denn mit der Zeit kann bemerkt werden, dass wir im Leben nichts wirklich geschenkt bekommen. Alles hat seinen Preis – die Gesundheit, die Finanzen, die innere seelische Ruhe und Ausgeglichenheit, vieles bleibt mit der Zeit auf der Strecke, denn aus dem Freund ist jemand geworden, der immer wieder seinen Tribut von uns fordert, der uns an sich binden und fesseln will und uns somit unfrei, krank, ausgelaugt oder als seelisches Wrack zurücklassen kann.

Ist der Mensch an diesem Punkt angelangt, wird es höchste Zeit, sich über die Ursachen seines Suchtbedürfnisses klar zu werden, damit eine allmähliche Heilung geschehen kann. Oftmals ist dies aber ein sehr langwieriger Prozess, denn die Wesen, die hinter einem Suchtgebaren stecken, lassen nicht so leicht mehr los.

So kann es zunächst eine Hilfe sein, einige Arten von Süchten anzuschauen mit den jeweiligen Qualitäten, die sie uns vermitteln können. Dies ist förderlich für eine Selbsterkenntnis. Denn nur, wenn ich meine

Schwächen erkenne und annehme, werde ich bereit, sie auch wandeln zu wollen. Und dadurch wird man erst ganz in seinem Menschsein, nicht durch irgendwelche äußere Mittel. Diesen dürfen wir jedoch dankbar sein, denn eine Zeit lang haben sie ja geholfen und über manche Schwächen und Minderwertigkeitsgefühle hinweg getragen. Doch man will und soll sich ja weiter entwickeln und dann dürfen wir uns von alten „Freunden", die uns nichts mehr bringen, auch verabschieden.

So ist zum Beispiel die Nikotin-Sucht ein guter Freund gewesen, wenn es darum ging, eine Art Schutzmauer um sich herum aufbauen zu können. Die Welt ist manchmal so attackierend und vereinnahmend; eine Zigarette sammelt mich, ich bin wieder stärker bei mir, bei jedem Atemzug erlebe ich mich stärker selbst. Diese Qualität, also das zusammenziehende, konzentrierende Bei-sich-sein-können sollen wir natürlich auch einmal ohne Nikotin bewerkstelligen können. Aus dem Ich heraus darf eine seelische Schutzmauer aufgebaut werden, wodurch wir selbst bestimmen, was und wann wir etwas in uns hereinlassen.

In ähnlicher Weise ist dies bei allen Süchten, so dass ich die folgenden nur noch exemplarisch andeute.

Der Alkohol verhindert, dass wir eine seelische Leere und Ödnis spüren, die oftmals entsteht, wenn wir allein, nur mit uns, ohne Ablenkung und dergleichen, zu tun haben. Eine innere Kommunikation mit sich selbst wird dadurch vermieden, denn der Alkohol belebt und lockert, man begibt sich gerne in fröhliche Runden, nur um diese innere Leere nicht spüren zu müssen. Eine Stimmungserhebung durch äußere Mittel zeigt einen Mangel an innerer Freude, das mit sich selbst Zurechtkommen -können ist geschwächt. Eine Aussöhnung mit sich selbst, in sich selbst tut hier Not, eine Bejahung seiner selbst und die Einstellung, dass das Leben auch in seinen schwierigen, einsamen und tiefen Phasen eine Bereicherung sein kann. Probleme sind dazu da, sie zu lösen, um daran wachsen zu können. Wir dürfen das Leben bejahen und gutheißen, so wie es nun einmal geworden ist und die Aufgabe annehmen, es zu etwas Besserem umgestalten zu wollen. Dann trägt es reife Früchte. Ein Fortrennen, Berauschen und sich Betäuben hat langfristig gesehen noch niemandem wirklich geholfen.

Haschisch steigert die Wahrnehmungs- und Empfindungsfähigkeit. Man nimmt alles, das Gute wie das Schlechte, intensiver wahr. Unsere Schulbildung forciert vermehrt die kognitiven Fähigkeiten, so dass innere Gefühle und Empfindungen oftmals nur als störend angesehen werden. Doch ohne eine innere Lebendigkeit ist das Leben fad und leer. Da wirken nun bestimmte Drogen als ein Ersatz, doch mit der Zeit kann bemerkt werden, wenn nur noch auf äußere Stimulantien gesetzt wird, dass die eigene innere Empfindungsfähigkeit, wie zum Beispiel die Mitleidskräfte nur noch mehr abstumpfen, da sie nicht genügend selbsttätig ausgebildet werden. So gilt es auch hier wiederum, sich nüchtern und klar zunächst an den kleinen Dingen, an Naturbetrachtungen, an den Schönheiten des Lebens und an den normalen und alltäglichen Begebenheiten erfreuen zu lernen. Wahrnehmungs- und Empfindungsschulungen sollen ichhaft ausgeübt werden und an die Stelle von äußeren Substanzen treten.

Die Spielsucht liefert die schnelle Ablenkung, den Nervenkitzel, den „Kick", so auch manche Drogen wie Heroin, Kokain und bestimmte Aufputschmittel. Hier wird recht leicht offensichtlich, dass ein Ersatz für ein seelisches Mangelerleben gesucht wird. Je weniger man im Inneren findet, um so mehr sucht man meistens in äußeren, in weltlichen Aktivitäten. Werden dann auch noch Kinder schon in frühen Jahren mit allen möglichen äußeren Zerstreuungs- und Vergnügungsmitteln konfrontiert, ohne das innere Phantasieerleben und die Freude an den kleinen und schönen Dingen des Lebens zu schulen und zu bilden, müssen die äußeren Reize im späteren Leben immer größer werden, damit überhaupt noch ein „Kick" zustande kommt.

So ist es auch mit der Sex-Sucht – immer öfter, immer stärker, immer neue Reize, neue Techniken und Lockungen, bis hin zu einem perversen und abgründigen Gebaren reicht die Palette, die den Partner und Mitmenschen nur noch zum Objekt für sich, für seinen Selbstgenuss degradiert. Der Andere wird Objekt für mich, für meine Lust; vom Austausch der Energien in einem liebevollen Rahmen ist dabei meistens nicht mehr viel übrig. Der Sexualtrieb wird somit nur noch auf die körperliche und die begierdehafte Ebene beschränkt, das Zwischenmenschliche, das Partnerschaftliche, das, was über das Körperliche ins Geistige und Spirituelle hineinreichen will, ist hierbei meistens negiert.

Sicherlich besteht im Sex ein intensives Erleben, das eine Befriedigung und eine Ausgeglichenheit bringen kann, doch meistens nur für relativ kurze Zeit. Eine echte Befriedigung schließt den Austausch auf seelischem und vor allem auch auf geistigem Gebiet mit ein, sonst wird doch alles nur wieder einseitig und extrem. Je tiefer man ins Leibliche dringt, um so höher sollte man sich auch im Geistigen verbinden können. Alle Einseitigkeiten und Extreme führen mit der Zeit zwangsläufig ins Krankhafte hinein.

Die Ess-Sucht will immer etwas einverleiben, sie will es ganz in sich hineinnehmen. Meist wird darin die Nahrung jedoch nur noch als Kompensationsmittel benutzt, weil man Angst vor zu viel Nähe gegenüber den Mitmenschen hat. Man will natürlich auch hier genießen, jedoch man traut sich dem Anderen nicht genügend an, ein Mangel an Nähe ist ein Mangel an der Fähigkeit, den Anderen ganz in sich einzulassen, ihn einzuverleiben, in einem ganzheitlichen Sinne. Der Hunger nach Leben, nach Austausch und Annahme der Mitmenschen wird kompensiert durch die Einnahme von Nahrung. Das Essen wird zum Ersatz für alle Entbehrungen aus den schwierigen, frustrierenden, sozialen Bindungen, die meist aus Verletzungen und Traumatas entstanden sind, die uns früher, in der Kindheit oder in früheren Leben zugefügt wurden. Da ist sicher eine psychologische und therapeutische Aufarbeitung sinnvoll.

Schließlich noch die seelischen Süchte, die sich nicht unbedingt an Äußerlichkeiten, an bestimmte Suchtmittel heften, die dadurch versteckter, nicht aber ohne gesellschaftliche Relevanz bleiben. Bei der Ehrsucht, der Habsucht und der Machtsucht will sich das Ich, das Ego selbst erhöhen. Man schafft sich Statussymbole (Autos, Frauen, Reichtum, Erfolg, Karriere), damit man sich selbst beweisen kann, wie gut man ist. Dies ist gesellschaftlich meist sogar noch sehr anerkannt, doch die Geschichte zeigt immer wieder, wie dies zu großem Unheil für das Gemeinwohl ausarten kann, denn man sieht dabei nicht mehr das Höhere, das hohe Selbst, das innere Wesen und damit auch nicht mehr die Intentionen der Mitmenschen. Eine Ich-Sucht, ein Narzissmus macht sich gesellschaftlich gesehen breit, der die vorher beschriebenen Süchte weit in den Schatten stellen kann, denn deren Auswirkungen betreffen das Wohl und Wehe der ganzen Gesellschaft. Wenn das Ego, der Eigenwille so überhöht wird, dass er sich über die Bedürfnisse der Anderen erhebt, wird das Gemeinwohl darunter leiden müssen.

Insgesamt kann somit festgestellt werden, dass alle Süchte nur durch eine Stärkung bestimmter seelischer Qualitäten, durch ein Bändigen des Eigenwillens und durch ein Überwinden unserer egoistischen Motive zu erlösen beziehungsweise zu veredeln sind. Alleine ist das oftmals nicht zu schaffen. Manchmal kann es daher ratsam sein, eine therapeutische Hilfe in Anspruch zu nehmen, wobei man auch hier in Gefahr kommen kann, von dieser „Hilfe" abhängig zu werden. Jeder Therapeut hat daher die Aufgabe, seine Klienten dahin zu begleiten, dass sie selbstständig, mit beiden Füßen fest auf der Erde, unabhängig und selbstbestimmt leben lernen.

Manchmal ist die Übermacht an Mängeln, an Verzweiflung und an Schwäche aber so groß, dass wir nur noch kapitulieren können. Und das ist auch gut so. Denn dann werden wir arm, demütig und hilfsbedürftig. Wir öffnen uns für die Hilfe von oben. Dies ist auch gut in Gruppen Gleichgesinnter möglich, denn gemeinsames Schicksal verbindet und stärkt das Vertrauen zueinander, so dass ein gegenseitiges Helfen möglich wird.

Ja, wir dürfen uns in und mit unseren Schwächen öffnen für die Stärke Gottes. Seine Liebe, seine Güte und sein Mitgefühl, sie sind immer da und sie dürfen von uns angenommen werden, so dass wir sie mit der Zeit in uns selbst lebendig machen und entwickeln können. Diese Liebe, diese Güte und dieses Mitgefühl dürfen wir auch auf uns selbst anwenden. Kein Verurteilen, Abwerten oder irgendwelche Schuldgefühle helfen weiter. Wir dürfen uns selbst verzeihen. Das Suchtmittel war unser Freund, es diente lange Zeit, doch von nun an brauche ich nichts mehr von Außen, denn ich bin mir selbst mein Freund. Ich will mir selbst Gutes tun und dann auch der Welt.

So finde ich erst eine Tiefe im Seelenleben in der Hinwendung und in der Zuneigung zur göttlichen Welt. In den eigenen Tiefen spüre ich die Kräfte, die von da ausgehen. Nur müssen wir unsere Gedanken, Gefühle und Vorstellungen dort hinlenken lernen, nicht mehr nur zum Sinnlichen hin, das uns recht leicht wieder vereinnahmen und fesseln kann, sondern hin zum Seelischen und Göttlich-Geistigen geht der neue Blick. Das Sinnliche soll uns dadurch immer mehr zu einem Ausdrucksmittel werden für das Seelische und Geistige. In diesem Sinne kann selbst die Erde und der Leib verwandelt werden – hin zu einem geistdurchtränkten Leib.

Die Nahrung, die Stoffeswelt, die Sinneswelt, das Geld, sowie die Positionen in der Gesellschaft, sie dürfen licht- und geistdurchdrungen sein. Mit anderen Worten, es darf alles irdische Tun durch die innere Führung, zum Beispiel durch das Gebet, im Einklang mit dem Höheren geleitet sein. Das Christuswesen in unserem inneren Sein, er ist der innere Lehrer und Meister, der Einzige, der uns wahrhaft helfen und heilen kann, denn sein Wesen und Gott sind eins. Ihm dürfen wir vertrauen, ihm dürfen die Süchte, Mängel und Abgründe übergeben werden. Er stillt das süchtige Verlangen, denn er schenkt uns etwas Besseres. Die innere Kraft der Liebe, die Selbstannahme, das Verzeihenkönnen, sowie der Respekt vor sich und den Anderen, also die Würde wiederzufinden, das sind Fähigkeiten und Möglichkeiten, die uns menschheitlich durch Christi Wirken auf der Erde mitgegeben sind. Wir müssen sie nur annehmen. Er schenkt uns auch das Gefühl der inneren Freiheit, damit wir dadurch frei werden können von unseren Abhängigkeiten und er schenkt uns seelische Kräfte und Stärken, um mit sich selbst und mit der Welt in Einklang leben zu können.

Ob eine Fernsehsucht, Kaufsucht, Arbeitssucht und so weiter, alle Süchte haben mit der Intensivierung des Lebens zu tun. Wie gesagt, ist der Alltag, sind die Pflichten des Lebens oftmals mühsam, aufwendig und manchmal auch ziemlich langweilig, so dass es nur natürlich ist, wenn man zumindest von Zeit zu Zeit die engen Grenzen sprengen will. Auch esoterisch betrachtet gibt es nicht nur die apollinischen Mysterien, die Klarheit, Ordnung und Vernunft lehren, sondern auch die dionysischen, die rauschhaft und ekstatisch Fesseln sprengen und dadurch in tiefere Dimensionen eindringen wollen. Das apollinische und das dionysische Element, sie sollen in einem gesunden Verhältnis zueinander und dann auch miteinander gelebt werden. Das eine ist mehr dem Kopfpol zugehörig, das andere dem unteren Pol, den unteren Chakren im Menschen. Das Lebendige, das Erleben, das Unbewusste und Geheimnisvolle, woraus zum Beispiel die Phantasie und die Kunst entspringt, ist ein Pol, der in unserer Kultur, im Alltag und in der geschäftigen Welt zu wenig Berücksichtigung findet, nur noch in der Faschingszeit oder am Feierabend in zahlreichen Kultur- und Vergnügungsveranstaltungen.

Fehlt das Erleben dieser „Wurzelkraft", das Erleben und Erwachen für die inneren Tiefen und die kleinen, unscheinbaren Dinge des Lebens, fehlt auch noch die Gefühlstiefe, so ist das Wurzelchakra beziehungsweise sind meistens die unteren Chakren blockiert.

Da können schon in der frühen Kindheit Begrenzungen oder Traumata stattgefunden haben. Unsere ganze Kultur betont mehr den oberen Bereich der Sitten und Gesetze, wie das Dienen aus Pflicht und Moral. Der Gang in die Tiefen wird dabei gerne negiert und somit auch nicht geschult. Doch gerade Jugendliche fühlen sich von Grenzbereichen und Tiefen angezogen. Unsere christliche Kultur hatte diese Bereiche ja auch überwiegend ausgeklammert, außer eben an Fasnacht. Christus hat jedoch das apollinische und das dionysische Element in sich verbunden. Er ging in bewusster Klarheit durch den Tod, durch die Höllenfahrt und war nicht nur Asket, Prediger und Mönch. Er liebte das Leben in all seinen Formen und er sah den Rhythmus von Leben und Tod, von Gedeihen und Welken, von Fruchtbringendem und Absterbendem.

So dürfen wir uns auch in seinem Geist hinwenden zum Leben, zum

Wachsen und Blühen, wie dies der Jahreslauf im Frühling und Sommer beschert und wir dürfen uns hinwenden mit ihm in die Bereiche und Reiche des Nichtsinnlichen, in die Unterwelten und ins Jenseits, also in die Tiefen des Seins. Werden diese gefunden, so erlebt man darin eine Fülle, woraus das wahre innere Leben gespeist wird und man braucht sich nicht mehr mit äußeren, meist stofflichen Behelfsmöglichkeiten und seelischen „Krücken" abfinden, die langfristig gesehen doch nur schaden können.

Eine puritanische Gesellschaft schneidet sich selbst von den Tiefen des Lebens ab. Je mehr Ordnung, Sauberkeit, Fleiß und Tugend gelehrt und gefordert wird, um so mehr wird das Pendel irgendwann in das Gegenteil ausschlagen. Süchte, Gewalt, Perversionen und so weiter nehmen gesellschaftlich gesehen zu. Das ist in unserer Zeit vermehrt und verstärkt wieder zu sehen.

Schaffen wir daher Freiräume, in denen tiefes Erleben gefördert und ermöglicht wird, im Tanz, in der Kunst, in den Musen, im Liebesleben und vor allem im inneren Erleben, in der inneren Schulung, im Gebet, in der Meditation, in der inneren Ekstase, so brauchen wir nicht so sehr im Außen, in den Verlockungen der Welt zu suchen.

Auf die rauschhaften und wilden 20iger Jahre folgte im 20. Jahrhundert in Deutschland der Nationalsozialismus, der eine starre Ordnung und eine eiserne Disziplin verlangte, wobei sich jeder Bürger nur noch dem Staat, den Oberen unterordnen sollte. Daraufhin folgten wiederum Jahre, in denen die Jugend in den 68iger Jahren revoltierte und die alten Tabus und spießbürgerlichen Ordnungen aufbrechen wollten. Danach gab es Zeiten mit großer Arbeitslosigkeit, also war wieder Disziplin und Sparsamkeit angesagt bei großen Teilen der Bevölkerung. In unseren Tagen rollt der „Rubel" wieder, Party-Stimmung, Konsum, Reisen und ein neuer Life-Style beherrscht die Welt, der letztlich immer mehr in einen Selbstgenuss einmünden wird. Doch die ökologische und politische Lage wird auch hier wieder begrenzen, so dass es scheint, als müsse dieser Pendel-Mechanismus immer so weiter schwingen.

Kopf und Bauch, die Vernunft und der Lebenshunger sollen aber einmal zusammenkommen und sich auf einer höheren Ebene begegnen können. Erst dann wird es möglich sein, die Suche und die Sucht nach Leben mit den höheren Zielen, Idealen und Gesetzen in Einklang zu bringen.

Im menschlichen Leib ist es ja der Herzbereich, der Kopf und Bauch miteinander verbinden und dann auch ausgleichen kann. Diesen gilt es daher vor allem zu schulen. Das Herz und damit die Liebe, sie sollte

31

zugegen sein, wenn wir dem Drängen des Bauches nachgeben, also unseren Begehrungen, Wünschen und Trieben und sie sollte mitwirken, wenn es darum geht, die mentalen Ideen, die Moralvorstellungen und die vernunftorientierten Erfordernisse des Lebens umsetzen zu wollen.

So gilt es schließlich, den Drang zur Sucht, zum intensiven Erleben verstehen zu lernen. Eine Erkenntnisarbeit ist damit verbunden, die uns aufzeigen kann, wo wir in eine Einseitigkeit geraten sind und woraus sich dann ergibt, auf welchem Gebiet wir eher ein Nachholbedürfnis zu leben beziehungsweise auch eine seelische Schulung durchzuführen haben.

Das innere Leben und Erleben hat bei der Suchtfrage jedoch meistens eine erste Priorität. Es darf nicht verdrängt und gemieden werden. Nur zielvoll soll und kann es in die richtigen Bahnen gelenkt werden, wenn es mit unseren Idealen und unserem Menschsein in Übereinstimmung kommen will.

Dieses innere Leben dürfen wir daher suchen, erkennen, schulen und entwickeln. Daraus erwachsen die Kräfte für ein gesundes und reiches Seelenleben und dies mitten in der Welt, ohne aber von dieser zu stark vereinnahmt, ausgelaugt oder mitgerissen zu werden.

Das dritte Jahrtausend – globale Aspekte

Bevor ich hier auf die heutige Zeit eingehe und die weitere Zukunft erwähnen werde, will ich zunächst darauf hinweisen, dass die Menschheit schon einen sehr langen Weg hinter sich hat, aus fernen Zeiten in himmlischen Welten beginnend bis zu einer langsamen Verdichtung in einen Erdenleib hinein.

Die Bewusstseinsentwicklung der Menschheit ist von Anfang an ein Prozess, der von einem kosmischen All-Bewusstsein ausging, als die Seelen noch nicht individualisiert waren beziehungsweise noch kein wirkliches Eigenleben hatten, wo diese Seelen also noch ganz mit dem Kosmischen verbunden und darin beheimatet waren.

Durch allmähliche Abstufungen, Ausgliederungen und Verdichtungen in den verschiedenen Erd-Epochen bis hin zum Sündenfall und der darauf folgenden stufenweisen Trennung von der Alleinheit ging die Entwicklung allmählich hin zu einem Selbstbewusstsein, das sich eben getrennt erlebt von allem, was der Mensch nicht selbst ist.

Aus der Geisteswissenschaft Rudolf Steiners sind uns verschiedene Stufen und Epochen des Erdwesens bekannt. Eine langsame Verdichtung bis zur heutigen mineralischen Erde entspricht in analoger Weise auch der Zusammenziehung des Seelenwesens in einen Menschenleib hinein. Die Bildung eines Eigenbewusstseins hängt also mit einer allmählichen Trennung vom Kosmos zusammen.

Hier ist aber nicht der Platz für eine ausführliche Schilderung dieser langsamen Verdichtung und Ausgestaltung des Seelenwesens im Menschen während der verschiedenen Erdzeiten und Kulturepochen. Ob man mit biblischen Begriffen arbeitet oder die geistige Schau in die Akasha-Chronik heranzieht oder den evolutionären, menschlichen Entwicklungsprozess der Naturwissenschaften zugrundelegt, entscheidend ist der Entwicklungsgedanke – von einem kindlich-kosmischen Seelenwesen hin zu einem eigenständigen Ich-Wesen, um zukünftig wieder eine erneute Beziehung zum Kosmos finden zu können, nun aber in bewusster, freier, ichhafter und selbstständiger Weise.

Von einem spirituellen Standpunkt aus betrachtet können verschiedene Entwicklungsperioden und Kulturepochen beschrieben werden, die einen langsamen Abstieg des Menschenwesens aus dem sogenannten Paradies erkennen lassen. Der paradiesische Mensch war noch eins mit seiner umgebenden Natur, sein Bewusstsein hatte noch kosmische Ausmaße. Erst mit einer Namensgebung bekam der Mensch ein erstes Eigenbewusstsein, das sich durch verschiedene Zeiten, durch die lemurische, danach durch die atlantische und die heutige nachatlantische Zeit, also in vielen Inkarnationen bis heute allmählich steigerte. Dabei hat die menschliche Seele in den verschiedenen Abschnitten der vergangenen Zeiten auch unterschiedliche Erfahrungen gesammelt, die heute zumeist vergessen sind, weil damals das Individualbewusstsein noch nicht ausgereift war. Erst heute ist die Ich-Entwicklung so weit fortgeschritten, dass in späteren Inkarnationen eine bewusste Rückschau auf das Heute möglich wird, wenn sich der Mensch einem spirituellen Schulungsweg anschließen kann. Ob das Alte, also die vergangenen Leben nun bewusst sind oder nicht, alle Ereignisse der Vergangenheit leben trotzdem in unterbewussten Schichten des Seelen- und Leibeslebens fort und zwar in Form von Neigungen, Seelenvermögen, Talenten, Charaktereigenschaften, Reflexen, Komplexen, im Temperament bis hin zu Organ- und Leibesbildungen. Ja, auch der Körper wird mitgestaltet durch frühere Seelenerfahrungen.

In nachatlantischer Zeit umfasst der evolutionäre Prozess der seelischen Entwicklung das sogenannte goldene oder archaische Zeitalter, als die Menschen zum Beispiel in der indisch-vedischen Kultur noch durch ihren Atem mit dem Kosmos verbunden waren. Der Atem verlieh in einem archaischen Bewusstsein noch ein Gefühl der Einheit mit der Umgebung. Der Atem war noch belebt; göttliche Wesen konnten darin ein- und austreten.

Danach folgte das silberne oder magische Zeitalter mit einem magischen Bewusstsein, als die natürliche Umgebung noch direkter seelenbildend war, aber auch der Mensch seine Umgebung durch magische Praktiken mitformen konnte. Dadurch konnten zum Beispiel in der urpersischen Kultur auf magische Weise Getreidezüchtungen für den Ackerbau erfolgen. Gewisse Laute und Töne, heilige Gesänge, bestimmte Bewegungen und Zeichen haben eine magische Wirkung auf die Welt. Dieses Bewusstsein war noch vorhanden, weil der damalige Mensch mit seinem Willen noch stärker mit dem kosmischen Willen verbunden war.

Im bronzenen oder mythischen Zeitalter waren die vielen Göttergeschichten, zum Beispiel im alten Ägypten oder im antiken Griechenland, noch seelenprägend. Das mythische Bewusstsein erlebt in Göttersagen noch ein Zusammensein und Geführtwerden von diesen Wesen. Doch immer mehr war danach der direkte Kontakt mit der geistigen Welt im Laufe der Zeit verlorengegangen.

Das sogenannte Kali-Yuga oder finstere Zeitalter dauerte 5000 Jahre, ungefähr von 3000 v. Chr. bis zum Beginn des 20. Jahrhundert. In Griechenland begann sich damals das Denken und die Philosophie auszubilden, bis hin zum heutigen abstrakten Intellektualismus, bei und mit dem man nur noch allem gegenüberstehen kann. Daraus resultiert ja das Gefühl der Eigenständigkeit, aber auch das der Trennung und Isolation.

Seit dem letzten Jahrhundert ist nun die Möglichkeit gegeben, dass sich ein neues Zeitalter, das sogenannte lichte Zeitalter herausbilden kann. Dazu muss der Intellekt verlebendigt werden, er muss spirituell werden können.

Jede Kulturepoche trägt dazu bei, dass neue Seelenfähigkeiten erworben werden. So in der ägyptischen Kultur-Zeit vor allem die bewusste Empfindungsfähigkeit; in der griechischen Zeit begann, wie gesagt, das Denken seinen Siegeszug, leider manchmal auf Kosten des Empfindungs- und Gefühlslebens.

Heute, im Zeitalter der Bewusstseinsseele, soll sich das Denken so weiten können, dass es in sich selbst die großen Zusammenhänge, die Unter- und Hintergründe in der Welt und dann auch in der eigenen seelischen und biographischen Entwicklung erkennen kann. Dazu muss die rein physikalisch-materielle Ebene, an der sich der wissenschaftliche Verstand ausgebildet hat, wieder verlassen beziehungsweise erweitert werden. Unser Denken kann sich in seelische, geistige und moralische Bereiche und Dimensionen vortasten und es kann auch versuchen, in biologische und natürliche Lebenszusammenhänge hineinzutauchen. Goethe war hier durch sein anschauendes, einfühlendes Denken ein Vorreiter. Das Denken muss dafür lebendig werden – zum abstrakten, linearen und logischen Kopfdenken muss ein intuitives, analoges und sich einfühlendes Herzdenken hinzutreten, damit eine fortschreitende gesunde Kultur sich entwickeln kann.

Die Menschheit steht heute vor einem Scheidepunkt. Macht sie weiter in ihrem bisherigen „alten" Seelensein und sieht nur, was nützlich, angenehm und bequem ist, so ist das Ende einer Sackgasse bald erreicht. Will sie in gesunder Weise vorwärts schreiten, kommt sie gar nicht daran vorbei, ihre Seelenfähigkeit an spirituellen und moralischen Wahrheiten auszurichten. Es gibt eben nicht nur physikalische Gesetzmäßigkeiten, denn die geistigen und moralischen Gesetze bestimmen unser Leben mindestens genauso wie die irdischen, ja meistens sogar noch sehr viel stärker. Auch wenn wir diese nicht genügend im Bewusstsein haben, werden sie ihre Wirkungen entfalten, dann meistens leider zu unserem Nachteil über ein leidvolles Erwachen. So gilt es heute vordringlich, die seelischen und geistigen, wie eben auch die Gesetze des Lebens verstehen zu wollen. Unsere heutigen zivilisatorischen und ökologischen Probleme lassen sich mit physikalischen und technischen Mitteln alleine nicht mehr lösen. Eine grundsätzliche Umorientierung, ein Paradigmenwechsel ist daher angesagt. Ideologien und von Eigeninteressen geleitete Standpunkte wirken hierfür nur noch hemmend.

Das dritte Jahrtausend soll die Dreiheit verwirklichen. Polaritäten und Gegensätze sollen dadurch überwunden werden. Dies ist jedoch auf verschiedenen Ebenen möglich, nämlich, in dem sie sich vermischen oder in dem sie einen Kompromiss finden oder in dem sie eine höhere Ebene suchen, in der beide Pole integriert sind. Der Philosoph Georg Wilhelm Friedrich Hegel nannte dieses Prinzip: von der These und der Antithese zur Synthese; Goethe beschrieb diesen Prozess in seiner Farbenlehre in der Polarität und Steigerung. Diese Steigerung beziehungsweise die Synthese von irdischen Interessen und seelischen Möglichkeiten ist erst wirklich auf der geistigen Ebene möglich. Ohne eine spirituelle Seelenentwicklung, die das irdische Leben mit umfassen kann, wird es zukünftig nicht mehr in einem positiven Sinne weitergehen. Die sogenannte Wassermannzeit, die ein lichtes Zeitalter sein will, bestärkt und impulsiert das spirituelle Wachsen in geistige Sphären hinein und damit auch das Verstehen und Anwenden geistiger Gesetze im irdischen Leben.

In unserer heutigen Übergangzeit kann man schon mehr und mehr bemerken, dass das Feste, das Gewohnte, das Irdische und Materielle auf Dauer gesehen nicht mehr richtig trägt. Das macht natürlich vielen Menschen Angst. So schnüren sie sich noch mehr an das Alte, an das Bekannte, an die konservative, an die sinnlich-materialistische Welt. Dies nützt aber vor allem dem „Schatten" der Wassermannzeit. Bevor die lichte Ebene erreicht werden kann, muss eben der Schatten, muss die Dunkelheit erkannt und durchschritten worden sein. Dies können wir heute schon recht gut und in den nächsten Jahren sicher noch verstärkt beobachten.

Der Herrscher der finsteren Kräfte wird in der okkulten Wissenschaft Ahriman genannt, biblisch Satan oder Mammon. Er macht sich heute weltweit breit. Er will die Menschen an das nur Irdische fesseln, er macht sie abhängig von Macht und Geld. Die neoliberale Wirtschafts-Ideologie ist von ihm inspiriert. Mit der Zeit werden wir dadurch alle zu Wirtschaftssklaven. Überwachung, Terror, Einschränkung der Freiheitsrechte und so weiter, zeugen von seinem Herankommen. Ja, er will sich in nichtferner Zeit sogar in einem Menschen inkarnieren. Nicht nur göttliche Wesen können dies, wie im Leben des Christus Jesus, sondern auch die Wesen der gefallenen Hierarchien, wenn die Menschen ihnen ein geeignetes Terrain anbieten. Durch kalte, sterile Techniken, von den Befruchtungsmöglichkeiten im Labor bis hin zur Forcierung der künstlichen Intelligenz in vielen Lebensbereichen und weiter bis zur Manipulation des Lebendigen, ja, bis zu einer Ahrimanisierung des ganzen Seelenlebens und dies schon immer mehr von Kindheit an, zum Beispiel durch Digitalisierung und Automatisierung, durch Abstraktion und Verkopfung im Bildungsbereich, durch ein Nützlichkeits- und Leistungsdenken, durch Konkurrenz, Wettbewerb und durch Egoismen, Verhärtungen und einer zunehmenden inneren Kälte im zwischenmenschlichen Bereich und vielem mehr, was den sogenannten Transhumanisten so alles einfällt, wird ihm der Weg bereitet. Ahriman ist der Geist der Finsternis, der Erstarrung und des Todes. Der heutige Materialismus und Amerikanismus beziehungsweise der globale Neoliberalismus mit all seinen Verlockungen und Abgründen, diese „Ismen" drücken, gesellschaftlich gesehen, sehr stark auf das Gemüt und Seelenleben der Menschen, eine soziale Kälte wie auch eine Zunahme an persönlicher Bereicherung, an Korruption und ausschweifendem Lebensstil ist die Folge, so dass es gar nicht mehr so leicht ist, geistig zu arbeiten oder sich spirituell zu schulen.

Auf der anderen Seite ist zu beobachten, dass sich die Mächte der Finsternis beziehungsweise ihre Handlanger in der Wirtschaft und Politik immer mehr zeigen müssen. Das Feste, das Irdische, wie auch das gesellschaftliche Leben, es wird transparent, so dass darin geistige Gesetze zur Erscheinung kommen. Die „Anderwelt", die nichtsinnliche Welt, sei es im Guten wie im Bösen, ist nicht mehr wegzuleugnen. Selbst die Naturwissenschaften sind in energetische, unsichtbare Bereiche vorgestoßen, die nur noch metaphysisch zu erklären sind. Eine nichtsinnliche Welt steuert und beeinflusst unser Seelenleben wie auch die Materie selbst. Und dies im Negativen, im Untersinnlichen, zum Beispiel durch eine virtuelle, illusionäre Welt, durch bestimmte Medien, elektronischen Geräte und Computer oder im Positiven durch eine willentliche Verbindung mit den geistigen Wesen der göttlichen, der übersinnlichen Welt.

Das Negative, der einseitige Materialismus und Egoismus wird sich jedoch allmählich selbst auflösen oder abschaffen, sonst wäre nämlich gar keine gesunde Zukunft mehr für die Menschheit möglich. Das Böse geht immer an sich selbst zugrunde. So braucht man zum Beispiel einen Amerikanismus eines George W. Bush oder eines Donald Trump gar nicht bekämpfen oder den ganzen neoliberalen Wahn der Banken und Großkonzerne. Sicher tut hier eine Aufklärung Not. Doch unsere Energie brauchen wir für das Gute, für das Neue und Kommende. Das Alte ist in eine Sackgasse geraten und wird sich selbst zerstören, das konnte schon im Jahre 2007 an den Finanzmärkten beobachtet werden. 2019 wirken diese alten Mächte inzwischen noch bedrohlicher und es ist nur eine Frage der Zeit bis die nächste große Krise hereinbrechen wird.

Das Alte ist zwar noch stark, aber auch starr, es ist gewalttätig, falsch und will nicht loslassen. Doch am Neuen führt kein Weg vorbei. Ansonsten müsste die Menschheit schweren Schaden nehmen oder gar zugrunde gehen. Persönliche Krisen, Krankheiten und Umweltkatastrophen werden die Menschen zum Umdenken zwingen, wenn sie sich nicht freiwillig, von alleine dem Lichtvollen und Weiterführenden zuwenden wollen.

Dies passiert vor allem von der Zeit an, wo Pluto durch das Tierkreiszeichen des Steinbocks hindurchwandert. Da geht es nun, seit dem Jahre 2007, 2008 und 2009 vermehrt um gesellschaftliche und soziale Verantwortung, um Pflichten und um persönliche Reife. Doch auch hier gibt es Doppelgängerisches und Schattenhaftes, was vor allem durch falsche Autoritäten zur Erscheinung kommen kann. Der Ruf nach starken Führern ist schon heute wahrnehmbar in Kreisen und Gesellschaften, die nur eine Sicherheit und einen Wohlstand für sich selbst beanspruchen wollen.

Doch jeder Einzelne hat auch eine Verantwortung für das Kollektiv, denn er soll sich ja zu einem mündigen Menschen hinentwickeln, der seine gesellschaftliche und soziale Mitbestimmung und Mitgestaltung nicht nur nach egoistischen Motiven wahrnimmt, sondern der zum Wohle des Ganzen seinen Teil beitragen will und deshalb darin tätig wird. Die Armutsbekämpfung, die soziale Gerechtigkeit und eine nachhaltige Umweltpolitik stehen hier an vorderster Stelle. Neue politische Systeme und Werte, mehr Demokratie und Bürgerwille werden sich allmählich durchsetzen. Vor allem muss das bestehende Geldsystem und der Besitz beziehungsweise das Eigentum von Grund und Boden neu überdacht und geregelt werden.

Ab den Jahren 2023/24 läuft Pluto, der Regent des Kollektiven, in das Zeichen Wassermann, wo dann endlich vermehrt die Wassermann-Impulse in das Bewusstsein der Menschheit treten werden. Bis dahin erfahren wir aber mehr eine Zeit des Gerichts. Karma wird wirken.

Als Pluto durch den Schützen lief (von 1996 bis 2008), war vor allem, kollektiv betrachtet, das Reisen, der Sport und eine persönliche Erweiterung durch Bildung, durch Weltanschauungen und durch moralische Werte angesagt. Im Sport zum Beispiel wurde diese damit verbundene Aufgabe vor allem durch die Doping-Skandale ziemlich einsichtig und offenbar. Ist nur der persönliche Ehrgeiz und Vorteil ausschlaggebend oder siegen letztendlich moralische Werte, wie die Fairness, die Ehrlichkeit und die Bescheidenheit?

Aber nicht nur der Sport, alle Bereiche des Lebens wollen schließlich verwandelt und veredelt werden. So ist zum Beispiel unser Verhältnis gegenüber den Tieren, der Erde und den Schwachen dringend neu zu gestalten, sonst wird die Zeit des Gerichtes, wenn Saturn immer tiefer und weiter durch das Tierkreiszeichen des Steinbocks läuft uns nur noch zu stärkerer Verantwortung beziehungsweise zu einem verantwortlichen Handeln mahnen. Dann müssen wir kollektiv und persönlich eben öfters durch Krisen und Katastrophenen reifen, denn der Mensch entwickelt sich entweder durch Einsicht oder durch das Leiden.

Der Mensch bestimmt seine Zukunft somit selbst. Und zwar durch ein Handeln in der Gegenwart, in der wir die Fehler der Vergangenheit erkennen, Versäumnisse aufarbeiten und durch neue, zukunftsweisende Impulse ersetzen können. So im Kleinen wie im Großen. Wird sich viel im Kleinen wandeln, muss auch das Große, die „große Politik" sich ändern. Diese ist nur ein Spiegel für die Gesellschaft als Ganzes. Man bekommt die „Führer", die man verdient, um daran aufwachen und sich ändern zu können.

Das „Volk" lässt sich leider aber meist noch mit „Brot und Spielen" abspeisen. Wie die Herrscher mit den Minderheiten und den Freiheitsrechten umgehen, ist dabei für viele Zeitgenossen oftmals noch zweitrangig. So werden in nächster Zukunft die Machthaber an vielen Orten noch autoritärer werden können. Die soziale Gerechtigkeit stagniert, die Gesellschaft triftet immer weiter auseinander in Arme und Reiche, doch solange es der Mehrheit noch einigermaßen gut geht, ändert sich daran recht wenig. Das ist überall so. Doch falsche, populistische und despotische Führer bringen kein Glück für das Land.

Entweder das Volk bildet sich weiter, so dass es politisch mündig wird und in freien Wahlen und Volksabstimmungen seine Geschicke selber lenken lernt oder man stellt wenigstens edle und selbstlose Menschen an die Spitze, die zum Wohle der ganzen Gemeinschaft handeln und nicht nur in die eigenen Taschen wirtschaften oder ihren Machthunger ausleben wollen.

Werden die Menschen selbstloser und zeigen sie mehr Interesse für das Gemeinwohl, so wird sich auch die Politik ändern können. Die Wassermannzeit verlangt von uns, dass wir spirituelle und geistige Ideen verwirklichen. Der Mensch soll durch diese mündig werden, ein soziales Engagement zeigen im Geiste eines Humanismus und Unabhängigkeit und Freiheit für alle Individuen fordern, wie für sich selbst eben auch. Der Wassermannimpuls ist ein revolutionärer, das heißt, es ist ein Paradigmenwechsel, ein Quantensprung angesagt, zuerst in unserem Denken und in der persönlichen Einstellung und Lebenshaltung, bevor sich dies gesellschaftlich auswirken kann. Ansonsten hätten wir nur äußere Revolutionen, ohne dass sich die Menschen selbst veränderten und das bringt bekanntlich keinen wirklichen Segen.

Das erste Jahrhundert in der beginnenden Wassermannzeit, in dem wir anfänglich darinnen stehen, kann uns schon heute seine Signatur offenbaren, wenn man bedenkt, wohin die Wassermannimpulse, zum Beispiel die der Freiheit, Gleichheit und Brüderlichkeit, die Menschheit lenken wollen.

Im ersten Drittel dieses Jahrhunderts wird vor allem ein neues Verhältnis beziehungsweise eine Zuwendung zur Erde verlangt. Krankheiten, die im Tierreich auftreten, die Massentierhaltung, das Aussterben vieler Pflanzen- und Tierarten, die Verödung ganzer Landschaften und natürlich der drohende Klimakollaps, sie rufen auf zu einer drastischen Umkehr. Es geht um eine Bewusstwerdung für das Wesentliche, für das Wesenhafte, auch in Tieren, in Pflanzen und im Erdwesen selbst. Wir sollen wieder lernen, Achtung, Respekt und Dankbarkeit gegenüber der Natur zu zeigen. Eine Gleichberechtigung von Erde und Mensch soll allmählich ein Miteinander und ein Füreinander herbeiführen. „Machet euch die Erde untertan" – das ist altes Testament und damit einer vergangenen Zeit zugehörig. Die Erde muss als ein lebendiges Wesen wahrgenommen werden mit eigenen Rechten. Das Gleichheitsprinzip, das heißt, das Recht zu einem friedlichen und artgerechten Leben, muss jedem Wesen und jeder Gattung in der Schöpfung zustehen.

Das zweite Drittel im 21. Jahrhundert betrifft vor allem das soziale Zusammenleben, also die Mitmenschen und die Gesellschaftsbezüge. Die Dreigliederung des sozialen Organismus muss endlich wahrgenommen und umgesetzt werden. Die Geld- und die Bodenfrage, die Arbeit und das Einkommen, die Verteilung des Wohlstandes, wie überhaupt unser ganzes Wirtschafts- und damit auch unser Bedürfnisleben, muss im Geiste der Brüderlichkeit beziehungsweise der Geschwisterlichkeit erfolgen.

Sicher gilt das auch heute schon, denn die Zeitprobleme rufen förmlich danach, doch werden die Völker diese „Impulse" und Erfordernisse so lange hinausschieben, bis sie selbst ihren egoistischen Geist überwinden können - und das kann dauern. Die Erdkatastrophen ermahnen uns aber heute schon zu einem dringlichen und notwendigen Handeln gegenüber der Natur.

Das letzte Drittel betrifft schließlich in der Hauptsache die Beziehung zur geistigen Welt. Eine lebendige Spiritualität wird erblühen, eine sakrale Kunst wird erstehen, weil die Menschen genug haben werden von abstrakten und oberflächlichen Ausdrücken persönlicher Willkür. Das Ich, der Einzelne erlebt sich zukünftig vermehrt in einer persönlichen Beziehung zum wirkenden und schaffenden Geist. Er erkennt die Einheit von Seele und Geist und dadurch das Verhältnis zum kosmischen All. In diesem kosmischen Geist und Bewusstsein erfahre ich mich als ein Freiheitswesen. So werden wir in dieser Zeit auch frei von kirchlichen und staatlichen Obrigkeiten und deren autoritären Vorschriften. Eine direkte, individuelle Seelenverbindung zum Himmel beziehungsweise zur geistigen Welt ist das Ziel der Wassermannzeit.

Bis dahin ist es aber noch ein langer Weg, auf dem zuerst die Wolken, die Schatten der lichten Zeit erscheinen. Und diese treffen uns in den nächsten Jahren, wenn Ahriman sich mehr und mehr verkörpert, nicht nur in einer Person, sondern auch in allen technischen, bürokratischen, politischen und wirtschaftlichen Monstern, die uns heute schon das Leben schwer machen und die alles in ihren Bann ziehen wollen.

Die technische und digitale Entwicklung wird Ausmaße annehmen, die auf der einen Seite gewisse Bequemlichkeiten fördert, andererseits die individuelle Freiheit kontrolliert und einschränkt. Und irgendwann wird die Zeit kommen, in der sich die Menschen wieder danach sehnen, ein naturverbundenes und technikunabhängiges Leben führen zu können. Doch zunächst brauchen viele Zeitgenossen noch die Erfahrung, dass eine einseitige technische Ausrichtung nicht nur Vorteile bringt. Denn sie höhlt den inneren Menschen aus, der sich von der Technik „verzaubern" und in deren Bann ziehen lässt. Dahinter stecken eben bestimmte geistige Wesen, die letztlich die Menschheit versklaven wollen.

Hier hilft dann nur ein Standhalten, sich auf die ideellen und geistigen

Werte besinnen und versuchen, diese zumindest im Kleinen, vielleicht auch nur im familiären und persönlichen Rahmen umzusetzen. Freiheit, Gleichheit und Brüderlichkeit können wir überall leben. Darum geht es. Wir müssen nur bereit sein, sich davon leiten zu lassen.

Die Wassermannzeit will einen erneuten Zugang zum Engel aufbauen. Er kann uns helfen, auch in dunklen und schwierigen Phasen. Der alte Mensch, das Ego, das egoistische Trachten nach persönlichen Vorteilen und einem einseitigen Selbstgenuss soll sich wandeln und allmählich sterben, damit der neue Mensch geboren werden kann. Unser Engel ist der Begleiter und Schützer im Sterben wie auch bei der Geburt. Da ist er uns ganz nahe. Schlichtweg gesagt, geht es in diesem Drama um Leben und um Tod! Das Engelsschwert ist ein Schwert der Entscheidung. Liebend zu sein oder Lieblosigkeit, Leben oder Tod, das liegt in unserer Entscheidung.

Die Treue zum Engel, die Treue zum Geist, die Treue zum Leben, im persönlichen, im „kleinen" Leben ist der Schlüssel, mit dem man die Tore zum „Großen" öffnet. Eine Geistkultur soll sich entwickeln, eine Kultur der Liebe, die von vielen einzelnen Individuen ausgeht.

Gott wird ja mit den Attributen der Allmacht, der Allweisheit und der All-Liebe beschrieben. Die Allmacht und die Allweisheit teilt er jedoch mit der Schöpfung. Deshalb können wir überhaupt frei und eigenständig handeln. Die All-Liebe ist bei Gott verblieben. Wenn der Mensch ehrlichen Herzens liebt, sich verschenken kann, so ist er immer mit Gott verbunden beziehungsweise so ist die göttliche Kraft der Liebe auch in ihm, denn die Liebe kann nicht geteilt werden.

Die Liebe will offen sein, will für alle da sein. Heute wird vor allem durch die technischen Medien mit der ganzen Welt kommuniziert. Nachrichten aus allen Teilen der Erde überschütten uns, manchmal machen sie auch klein, ängstlich und ohnmächtig, denn der Einzelne erfährt sich im Weltgeschehen recht hilflos. Eine Kommunikation mit der Kraft der Liebe ändert dies. So wie heute Geld, Waren und Informationen die Welt umspannen, so kann die Kraft der Liebe alle Völker und Menschen umfassen.

Wir dürfen das Andersartige und damit auch den Anderen annehmen, schätzen und lieben lernen, so wie er eben ist. Dadurch wird ein Herrschen und Beherrschtwerden unmöglich. Wir dienen somit viel mehr dem Ganzen, denn wir lernen durch die Liebe die Einheit der Menschen und der Menschheit zu erfassen. Der universale Mensch, er ist in jedem Menschen. Der Mensch im Menschen, das ist der Christ. In diesem Menschen sind wir zum Kosmopoliten aufgestiegen, der nicht mehr nur in alten Gemeinschaftsbezügen seinen Selbstwert sucht.

Familien-, Stammes- und Volksverbundenheiten bilden und zeigen den äußeren Menschen, der noch nach Vererbung und Schicksalsausgleich bestimmt wird. Der innere Mensch, der wahre und göttliche Mensch wird durch sein Inneres geleitet, durch seinen Geist, durch seine inneren Werte der Menschlichkeit, durch seine Ideale und vor allem durch die Kraft der Liebe. Sie hält die Welt und damit auch die Menschen zusammen.

Der Geist der Wassermannzeit, er will diesen inneren Menschen erwecken. Dieser fühlt sich als Glied der gesamten Menschheit. Die Menschheit als Ganzes kann als ein Leib verstanden werden, an und in dem wir alle, jeder Einzelne ein Teil, ein Glied darstellen, wodurch jeder Mensch wiederum auch ein Teil vom Anderen ist. Kein Mensch kann nur für sich bestehen. Der Kosmopolit der Wassermannzeit wird sich der ganzen Menschheit bewusst und das Göttliche, der Christus als Menschheitsrepräsentant, als Geist der Menschheit und der Erde, beginnt in ihm zu leben. So kommt der Mensch und die Welt, so kommt der Einzelne und die Menschheit auf der Erde in Christus, in der göttlichen Liebe zusammen.

Harmonische Beziehungen

Die sind ja heute gar nicht mehr selbstverständlich. Sicher gibt es Zeiten in Partnerschaften, zumindest anfangs, in denen man gemeinsam in einem siebten Himmel schwebt. Mit den Jahren wird dies jedoch immer seltener. Und es ist auch keine Schande, wenn die Partnerschaften manchmal alles andere, nur nicht harmonisch verlaufen wollen. Das gehört zur heutigen Zeit dazu. Den Partner finden zu wollen, der so zu einem passt, dass man sich in allem wohl ergänzt, schön wenn dies geschieht, doch das ist nicht die Regel.

Durch das Aufkommen der psychologischen Schulen, durch die Enttabuisierung vieler gesellschaftlicher Bereiche, wie der Sexualmoral und die Geschlechterfrage, sind bei allen daraus entstandenen Vorteilen für die Individualisierung und Freiheit der Menschen manche Schleusen aufgetan beziehungsweise sind dadurch viele unterbewusste Ebenen aufgebrochen, die in früheren Zeiten oftmals noch durch moralische und religiöse Schranken oder einem patriarchal-puritanischen System zugeschlossen waren. Dadurch kommt in neuerer Zeit aber auch viel Abgründiges und Schwieriges hoch, das die zwischenmenschlichen Beziehungen stark belasten kann. Und natürlich will und soll in den Partnerschaften auch altes Karma gelebt und gewandelt werden.

Eine Schattenarbeit ist verlangt, dazu fordern vor allem auch intime, das heißt, sehr nahe Beziehungen auf. Diese Arbeit erfordert von uns ganz neue Fähigkeiten. Wir dürfen lernen, auch das Schwierige anzunehmen. Dabei muss man eine gewisse Objektivität entwickeln und man muss Eigenschaften von sich wahrnehmen und annehmen, die man vielleicht gar nicht so gerne hat, die aber auch ein Teil von einem sind.

Disharmonien beginnen oftmals schon nach der ersten Phase der Verliebtheit. Nehmen sie im weiteren Verlauf einer Partnerschaft zu, so trennen sich viele hier bei einem gewissen Grad an Frustrationen und Ärger. Wenn aber noch gemeinsame Kinder da sind oder andere schicksalhafte Verpflichtungen, zeigt dies eine gemeinsame karmische Aufgabe an, der man sich stellen sollte. Der bequemere Weg ist nicht immer der bessere, denn nach Trennungen kann es trotzdem vorkommen, dass sich die ehemals sich „Liebenden" noch jahrelang herumstreiten. Da ist eben etwas noch nicht erlöst worden.

Beziehungsarbeit ist Wandlungsarbeit und bringt alle Beteiligten in ihrer persönliche Reife weiter, wenn sie Konflikte durchgestanden und zu einem gemeinsamen Weiterschreiten gefunden haben. Nur Ruhe und keinerlei Ärger haben zu wollen und den Konflikten aus dem Wege gehen, hat noch niemanden stärker, weiser und liebevoller gemacht. Wer immer nur seinem „Märchenprinzen" hinterherläuft, den es im Alltag längerfristig gesehen gar nicht gibt; oder im anderen Extrem, nur sich selbst „vergöttert" und dazu den anderen als Lust- und Lebensobjekt gebraucht, wird im Partnerschaftlichen sowieso einmal scheitern müssen.

In einem Horoskop-Vergleich kann man zum Beispiel recht gut sehen, wo die Partner ihre Schwierigkeiten miteinander haben, in welchen Bereichen sie miteinander zu tun haben, wo nicht und wo auch Hilfsmöglichkeiten gegeben sind. Oftmals ähneln sich die Konflikte auch immer wieder, denn es sind immer die gleichen Energien und Muster beziehungsweise bestimmte Planeten, die in gewissen Abständen aufeinander prallen. Da hilft letztlich nur ein tieferes Verstehen dieser Konflikte und Konstellationen und dann ein Umgehenlernen damit. Akzeptieren und annehmen müssen wir diese Differenzen und Andersartigkeiten jedoch immer, wenn wir ein allmähliche Wandlung herbeiführen wollen. Das Disharmonische, das Abgründige und Negative soll nicht siegen, zum Beispiel in dem man sich verschließt oder sich voneinander trennt.

Immer gibt es in einem Partnerschaftsvergleich harmonische und disharmonische Aspekte. Daher wäre eher eine Wachstumsarbeit angesagt, durch die wir lernen können, den Anderen so anzunehmen, wie er eben ist. Dies ist die eine Vorraussetzung, die andere ist die, dass man sich in einer bestehenden Beziehung getrost von seinen Idealbildern, vom Traummann, von der Traumfrau verabschieden soll, sonst ist man seelisch nicht wirklich frei für den realen Partner.

Manchmal sind die Differenzen und Zerwürfnisse aber so groß und manifest geworden, dass man sich fragen muss, was geht denn da überhaupt noch zusammen. Eine Ehrlichkeit ist hier verlangt. Auf die gemeinsamen Qualitäten, auf das, was nach einer ehrlichen Abrechnung noch im Positiven ist, was vielleicht auch gar nicht mehr viel ist, kann man trotzdem aufbauen. Was nicht geht und was Zerwürfnisse bringt, es dient zuvorderst einer Selbsterkenntnis und damit der eigenen Charakterarbeit.

Oftmals sticht der Partner in die eigenen seelischen Wunden und Schwächen, wenn man sich von ihm missverstanden, beleidigt, ausgegrenzt, ungerecht oder gemein behandelt fühlt. Normalerweise reagiert man auf solche Attacken meist mit Wut, mit Trotz, mit enttäuschter Haltung, mit Trauer, mit Angst, mit Depressionen bis hin zu einer

Gleichgültigkeit. Dies sagt aber etwas über uns selbst aus. Warum reizt der Partner mich mit irgendwelchen Verhaltensweisen?

Oftmals sind es ja die „kleinen Dinge", die störend wirken, wie die Unordnung, die kleinen Macken und Andersartigkeiten. Der Partner verweist mich dadurch aber auf mich selbst. Warum geschieht mir dies? Was habe ich damit zu tun? Warum ärgert mich dieses oder jenes? Daran habe ich zu arbeiten.

Manchmal wäre es besser, in solchen Situationen nicht zurückzuschießen, sich nicht zu verteidigen beziehungsweise keinen Gegenangriff zu starten, sondern Abstand zu lassen und damit auch eine gewisse Freiheit. Jeder sollte immer das Recht haben, sich zurückziehen zu können, damit man in Ruhe mit sich zu Rate gehen kann. Ein Erkennen und ein Opfern und Wandeln bedarf seine Zeit. Erst wenn die Wogen geglättet sind, wenn der Sturm vorüber ist, wird die Sicht wieder frei für neues Land, für neue Ziele und Intentionen, die erneut verbinden können.

Oft geht es bei Beziehungsstreitigkeiten ja um das Problem, wer setzt sich mit seinen persönlichen Anliegen besser durch. Früher war das ja „normalerweise" der Mann. Im Zuge der Emanzipation will sich die Frau heute vermehrt auch ein Durchsetzungsvermögen aneignen, was zwangsläufig zu Beeinträchtigungen eines harmonischen Partnerlebens führen muss. Wenn ein Teil einer Partnerschaft von sich aus die untergebene und dienende Rolle einnimmt, so funktioniert das alte System. Doch immer mehr Menschen, vor allem die Frauen, bemerken, dass durch eine solche Haltung einiges an Mündigkeit und individueller Entwicklung eingebüßt wird. Nur eine schwache Seele sucht sich einen starken Partner, der ihr sagen soll, wo es lang geht und an den man sich nur „anlehnen" braucht. Und nur um des lieben Friedens willen selber immer wieder zurückstecken müssen, geht auf Dauer gesehen auch nicht, denn unterbewusst frisst sich der Ärger ein, sogar bis in die leiblichen Organe, was zum Beispiel Gallensteine mit sich bringen kann. Deswegen darf es nicht so sein, dass man immer nur schaut in einer Liebesbeziehung, dass der Andere, der Partner sein Wohl bekommt und er sich immer durchsetzen kann. Streng nach dem Motto: „Ich will ja immer nur lieb und für den anderen da sein". Das führt mit der Zeit nur dazu, dass ich selber ausgelaugt und leer werde. Die andere Seite, das andere Extrem sollte aber auch nicht vorherrschen, nämlich, dass ich mich immer durchsetzen will und mit Streit und Ablehnung reagiere, wenn dies nicht gelingt. Dadurch gefährdet man das soziale Element in einer Partnerschaft.

Eine Rücksichtslosigkeit und Unbekümmertheit gegenüber den Mitmenschen, quasi das egomanische Konkurrenzprinzip, so wie dieses im heutigen kapitalistischen Wirtschaftsleben oftmals gefordert ist und sich in denen jeweiligen Charakteren niederschlagen kann, bringt die zwischenmenschlichen und sozialen Verhältnisse dermaßen in ein Ungleichgewicht, so dass viele Beziehungen am Egoismus der Beteiligten scheitern. Das Prinzip: Hauptsache ich setze mein „Ding" durch, ich mache mein Ding, koste es was es wolle, ohne Rücksicht auf Verluste, fördert das Single-Dasein, nicht aber ein soziales Miteinander.

Zwischen Unterwerfung und einem rücksichtslosen, egoistischen Ausagieren liegt das Gesunde irgendwo in der Mitte. Lothar Brandes verweist in seinem Artikel: "Schatten und Schutz" in der Zeitschrift Wege (6/2007) auf das „holde sich Bescheiden". Über eine holde Bescheidenheit lässt sich dann auch vortrefflich meditieren.

Diese Bescheidenheit erringen wir, in dem wir uns in Bewusstheit und Wachsamkeit mit allem und in allen Situationen üben. Zum holden Bescheiden braucht es zudem noch eine liebevolle Aufmerksamkeit und Rücksichtnahme, nicht nur den eigenen Bedürfnissen, sondern vor allem auch denen seiner Mitmenschen gegenüber.

Eine Wachheit gilt es zu erreichen, eine Wachsamkeit zu erringen, um erkennen zu können, wie weit wir in manchen Streitsituationen vom eigenen, vom wahren Ich entfernt sind, das gar nicht streiten kann, weil es in sich den Frieden hat, weil es in sich ruht. Diese Wachheit ist mit der Hilfe des Schutzengels und der geistigen Welt möglich, wenn wir in unserem Ich bleiben, uns nicht von diesem trennen, um dann in seelischen Wogen fortgerissen zu werden. Ansonsten geschieht es allzu leicht, dass Doppelgängerkräfte beziehungsweise der Egoismus so vorherrschen, dass von einer freien und selbstbestimmten Ich-Tat nicht mehr gesprochen werden kann.

Überwiegt in einer Beziehung ein Partner mit der Durchsetzung seiner persönlichen Bedürfnisse, die den anderen stören oder beeinträchtigen und dies in einer rücksichtslosen Art, so muss der andere nicht mehr nur sich Bescheiden, sondern er ist hier aufgerufen, sich auch mit seinen eigenen Bedürfnissen durchsetzen beziehungsweise sich behaupten zu lernen. Ein selbstbewusstes Verhalten ist hier also angesagt. Ein Streit, eine Disharmonie, sie prüfen uns eben auch immer wieder, wie weit wir in unserer persönlichen Würde und in der Verantwortung für uns selbst bei uns, das heißt, ichhaft bleiben können.

Lockt der Andere nur etwas in mir hervor, was ich am Liebsten vielleicht gar nicht in mir sehen möchte?

Das Leben selbst prüft manchmal mit zahlreichen Attacken und Enttäuschungen von Außen, die uns auffordern, endlich dagegen zu halten, die eigenen inneren Belange zu verteidigen und manchmal auch das Doppelgängerische, das angreift und attackiert, zu stoppen. Aber dies nur unter der Bedingung, dass die eigenen Bedürfnisse nicht dem Gemeinwohl zuwiderlaufen und in Achtung und Respekt vor dem Anderen geäußert werden. So muss man auch Stärke, Präsenz und Ichhaftigkeit zeigen, gerade auch in Konflikten und zwischenmenschlichen Auseinandersetzungen.

Holdes Bescheiden, eine Rücksichtnahme und eine klare, sich durchsetzende Verantwortlichkeit für sich selbst und für die Gemeinschaft sind letztlich zusammen zu bringen. Dies wird möglich, wenn die helfenden Kräfte eines geistig Wesenhaften zugelassen sind.

Gerade in Beziehungen, in denen durch die unterschiedlichen charakterlichen und seelischen Veranlagungen reichlich Konflikt- und Spannungspotential vorhanden ist, wird es notwendig sein, dass sich die Partner eine positive Ausrichtung aneignen. Man muss gemeinsam einen Weg, eine Strategie finden, um sich im voraus auf die immer wiederkehrenden Beziehungsmuster einzustellen, damit man an diesen Problemen wachsen kann.

Zwischen Unterwerfung und Rücksichtslosigkeit ist eine Mitte zu finden und zwar in einer würdevollen und freundlichen Achtung des „Du", dem „Ich" des Partners gegenüber. Dieses Ich müssen wir vermehrt sehen lernen, nicht nur die Seelenmängel und Schwächen. Dann stärken wir ihn in seinem Zentrum, in seinem Wesen.

Harmonische Partnerschaften entstehen oftmals erst aus und nach dem Durchgang durch die Schwierigkeiten, vor allem, wenn wir gelernt haben, wahrhaft zu lieben. Nicht nur die Schönheiten, Nettigkeiten und Übereinstimmungen dürfen wir dann lieben, sondern viel mehr gilt es, den ganzen Menschen anzunehmen und ihm Liebe zu schenken. Die Liebe liebt nicht aus Eigennutz, nicht aus persönlichen Vorteilen, Sympathien oder emotionalen Anhaftungen heraus. Sie ist daher kein Ausdruck des seelischen Verlangens. Sie ist eine Himmelskraft. Deshalb muss man auch frei sein für die Liebe.

So erfordert unsere Zeit nicht so sehr irgendwelche Sentimentalitäten, sondern vor allem die freie Entscheidung für den einen Partner, auch wenn dies manchmal sehr schwer sein kann. Doch auch der Partner muss frei sein können und seinen freien Willen äußern, stärken und danach handeln können, wenn dies auch nicht immer in Übereinstimmung mit den eigenen Wünschen und zu den seelischen beziehungsweise zu den doppelgängerischen Begehrungen steht. Dieser freie Wille des Partners, er kann Weh tun, er kann verletzend wirken und manchmal Kräfte beim jeweiligen anderen Partner entfachen, die, wenn sie gereizt werden, explodieren können.

So möchte ich hier an alle appellieren, besonders an die Frauen, dass man jemanden, der nicht gut gelaunt, der angespannt ist und mit sich zu ringen hat, nicht noch durch Fragen und Forderungen herumbohrt und an ihm herummeckert. Kein Mensch würde in den Stall oder in das Gehege eines geladenen Stieres mit einem roten Tuch eintreten. So sollte man auch nicht den Stier im Manne, manchmal auch in der Frau, reizen. Ihn in Ruhe lassen, ihm aus dem Wege gehen, seine Bedürfnisse achten; es kommen bestimmt wieder Tage, an denen man wieder besser miteinander kann.

Manchmal sind jedoch um der persönlichen Freiheit willen, einige Gemeinheiten des Partners zu ertragen; Fehler sind zu akzeptieren, Schwächen müssen sich auch zeigen können, damit der „Andere" sich in Freiheit selbst erkennen und entwickeln kann. Gerade darin zeigt sich unsere Liebe, dass wir solche Seiten annehmen, verzeihen und lieben lernen. In einem sozialen Miteinander bestimmt immer der Langsamste die Entwicklung einer Gemeinschaft. Eine Trennung ist nur dann anzuraten, wenn alles stockt, wenn einer sich überhaupt nicht mehr entwickeln und ändern will, wenn also die Beziehung keine Lern- und Entwicklungsmöglichkeit mehr beinhaltet. Dann hat sie keinen Sinn.

Sind wir selbst voller Liebe – zu uns, in uns, wird der Partner dies merken und sich wandeln können. Sind wir sauer auf ihn und verstockt, wird er dicht machen müssen. Sind wir nur am anklagen und verurteilen, macht er zu und ein Krieg der Doppelgänger beginnt. Wir werden daran so lange leiden, bis wir uns allmählich von diesen negativen und destruktiven Kräften befreien können.

Dies muss aber nicht so sein, vor allem nicht, wenn wir uns immer mehr öffnen für die Liebe, die immer scheinen will, auf alle, wie die Sonne, die nur manchmal hinter den Wolken verborgen ist. Die Liebe ist eine Sonnenkraft, sie erleuchtet alles. Manchmal muss man warten bis die Wolken vorübergezogen sind, aber bestimmt wird sie wieder hervorkommen und uns bescheinen. Sie ergießt sich in alle Formen des Lebens, in die Freundesliebe, in die Partnerliebe, in die Elternliebe und so weiter.

Gerade die Freundesliebe sollte auch in die Partnerschaften Einzug finden können. Durchstandene Schwierigkeiten und Entwicklungen können die Partner zu echten Freunden heranreifen lassen. Das ist durchaus eine Bereicherung ihrer Beziehung, denn die Freundschaft ist eine Form der Liebe, die über das Geschlecht, das Alter, die Nationalität und die persönlichen Eigentümlichkeiten hinausgeht und das allgemein Menschliche, den Menschen im Menschen fördern und ausbilden will.

Der Quell der Liebe ist im Menschen selbst, in seinem Herzen. Der Mensch findet diesen Quell, wenn er in Freiheit und Liebe sich diesem Quell hingeben lernt und wenn er bereit ist, diese innere Sonnenkraft, dieses Licht in seinem Ich, durch seinen Ich-Willen verschenken zu lernen. Die Hingabe an den inneren Quell der Liebe allein genügt eben noch nicht; erst im Weiterreichen, im Verschenken und Verströmen wird dieser Quell in uns sprudeln und fließen, durch uns – hin zum Mitmenschen und zur Welt.

Über die menschliche Sonnenkraft, über das freie Ich, über das „Ich bin", das sich hingeben gelernt hat, kommen wir zur kosmischen Sonnenkraft, zur Liebe des Christus. Er ist die Liebe für uns, die in und durch uns alle Bereiche des Lebens erfüllen will. In ihm finden Partnerschaften ihren Quell, ihre Führung und ihren Halt. Auch in Auseinandersetzungen, bei Meinungsverschiedenheiten und in Krisenzeiten dürfen wir uns gemeinsam an diesen Quell, an diese Quelle setzen, aus ihr trinken und daraus Kraft, Weisheit, Tugend und Liebe schöpfen.

Manchmal werden dadurch unsere Probleme und Streitigkeiten nichtig und klein. Die Liebe hat dann wieder die Zügel in der Hand und so dürfen wir getrost vorwärts- und weiterschreiten, wie neugeboren – getränkt und gestärkt aus dem Himmelsquell, der im eigenen Herzen entspringt.

Der spirituelle Weg in Beziehungen und Partnerschaften kann somit von einer „natürlichen" Liebe hin zu einer „übernatürlichen", zu einer göttlichen Liebe gereichen.

Liebe die Liebe, die reine, die göttliche Liebe, denn die Liebe ruft und sehnt sich nach dem Unendlichen, nach dem ewigen Leben des Geistes, das nur Gott uns geben kann. Öffne dich in deiner ganzen, dir möglichen Liebe der Liebe Gottes. Nimm immer mehr die göttliche Liebe in dich auf, lass sie in dir und durch dich lieben! Lass Gott durch dich deine Brüder und Schwestern und alle Kreaturen lieben.

Man braucht die Liebe des Christus, um die eigene Liebe vor dem Egoismus zu schützen und man braucht die ganze Liebe Christi, um die menschlich errungene Liebe in die Nächstenliebe verwandeln zu können. Dabei geht es nicht nur darum, die Nächstenliebe zu üben, sondern letztlich darum, Liebe zu sein. „Ich bin die Liebe" - „Christus in uns". Seine Liebe in und durch uns – das ist der Weg und das Ziel – gerade auch in Partnerschaften.

Kunst und Kultur

Kunst und Kultur im Sport, in den Medien, in der Unterhaltungsbranche, in Volkshochschulen, auf Festen, in Museen, in Theatern, auf Festivals und sogar in Kneipen, kein Ereignis und Gebäude kann heute mehr ohne eine kreative, künstlerische Einstimmung und Aufwertung auskommen. An allen Ecken und Enden haben wir die vielfältigsten kulturellen Angebote, so dass man meinen könnte, wir leben in einer kulturellen Blütezeit.

Die Sammlerleidenschaft für die bildende Kunst wächst und wächst mit zum Teil horrenden Summen, die für manche Werke bezahlt werden. Immer neue Festivals der Musik und neue Stars erscheinen, die den Massenbetrieb noch steigern sollen – von Event zu Event rast der Kunstbeflissene und meint dadurch, seinen eigenen, seinen persönlichen Wert aufpeppen zu können.

Manchmal ertönen dann irgendwelche Zwischentöne, Unkenrufe, die das moderne Kunstleben in Frage stellen beziehungsweise anzweifeln, wie vor einiger Zeit ein geistlicher Würdenträger, der zum Nachdenken über moderne Kunst anregen wollte, jedoch dafür von allen Seiten der Kulturschaffenden heftig kritisiert wurde. Oh, stört ja nicht den mühsam aufgebauten Kunstbetrieb, denn er floriert und bringt gutes Geld. Doch Fragen sollten erlaubt sein und ein Nachdenken darüber hat noch niemandem geschadet.

Natürlich kann es keine Zustimmung geben für die Behauptung, dass künstlerische Werke, die nichts mit Gott oder der Religion zu tun haben, als „entartet" zu bezeichnen sind. Denn die Kunst darf nicht mehr vor irgendeinen „Wagen" gespannt sein, sei dieser politisch, religiös oder von einer sonstigen Ideologie motiviert, denn dann könnte die Kunst immer auch missbraucht werden. Die Freiheit des Künstlers ist und bleibt somit oberstes Gebot.

Man sollte in diesem Kunstbetrieb aber nicht nur über Kunst und die

Kunstwerke reden, zum Beispiel als eine Geldanlage oder für eine Freizeitgestaltung oder ob das Werk einen angesprochen, provoziert oder angeekelt hat, sondern vor allem auch über das Künstlerdasein beziehungsweise über das Künstlerwerden selbst.

Einige „Stars" werden hoch bejubelt, ansonsten gehen viele Künstler in der Oberflächlichkeit und Vielfalt des Kunstmarktes unter. Die Persönlichkeiten der Künstler interessieren oftmals nur noch nebenbei, die Hauptsache ist das Werk und bei manchen Vernissagen kann man den Eindruck gewinnen, nicht mal mehr dies ist richtig der Fall; man will sehen und gesehen werden, es geht um Begegnung und Kommunikation, um Amüsement und Unterhaltung.

Wie entscheidend eine Biographie auf das Werk eines Künstlers ist, wird leider viel zu wenig beachtet. Was heißt es, Künstler zu werden, Künstler zu sein ?

Irgendwie haftet dem Künstler ja etwas Besonderes, Außergewöhnliches an, etwas, das den Alltag, das normale Leben übersteigen soll. Was ist das?

Genügt zum Künstlerwerden ein akademisches Studium, wo dann viel experimentiert, Wissen über die Kunstgeschichte, Techniken und dergleichen mehr gelehrt wird?

Viele sagen, Kunst kommt von Können. Das stimmt nur zum Teil, nämlich für das Kunst-Handwerk. Dieses muss ein Künstler natürlich auch beherrschen, aber das Handwerkliche ist nur eine Seite. Das Wort Können stammt von der griechischen Wortwurzel Technere ab. Die Technik hat mit Können zu tun. Das Künstlersein entspringt aber nicht der technischen Welt, sondern der Welt der Erkenntnis und Weisheit, worin das Wort Kunst ethymologisch seine Wurzel hat.

Dies besagt, dass auch der Künstler einen Weg der seelisch-geistigen Schulung zu gehen hat, denn bekanntlich hat noch niemand die Weisheit mit Löffeln gegessen. Nun kann die Erkenntnis aber von verschiedener Natur sein; sie kann zunächst einmal auf äußere Dinge und Gesellschaftsbezüge hingelenkt werden, die man durchschauen und analysieren will. Dadurch ergibt sich die zeitgenössische Kunst: anklagend, kritisierend, provozierend und spiegelnd. Sie hat natürlich ihre Berechtigung, um gewisse Missstände und Nöte in der Gesellschaft aufzuzeigen. Doch die Erkenntnis muss nicht im Durchschauen einer Sache stehen bleiben, sie kann sich weiten, hin zu einem Verstehen, das sich auf das Wesen einer Sache, auf die innere Welt, auf das Prinzip eines Phänomens und damit auf das Wesentliche einstimmt und ausrichtet. Dies geht aber nur, wenn der Künstler selbst, mit ganzer Seele sich dem Wesenhaften in sich, also in seinem eigenen Wesen und damit auch dem der Welt nähern kann. Jedoch ist dies meistens ein langer und langsamer Reifungsprozess, der nicht ohne Krisen und Entbehrungen ablaufen kann. Denn auf diesem inneren Weg müssen viele gewohnte und anerzogene Denk- und Gefühlsschablonen über Bord geworfen werden. Der Weg nach Innen, zum eigenen Wesen, ist ein Weg der Läuterung, der Katharsis. In diesem inneren Wesen, das geistiger Natur und ewig ist, bin ich mit dem Wesen der Welt, bin ich mit dem Göttlichen verbunden. Da erst ist wirkliche Erkenntnis, ist Weisheit und ist Kraft. Daraus entspringt die wahre Kunst, die sakrale Kunst, die Zeiten überdauern kann und unvergänglich ist, weil sie sich an ewigen Prinzipien und Archetypen orientiert. Diese kann man nicht so leicht mit dem gewöhnlichen Intellekt durchschauen oder analysieren; man muss sie verstehen lernen, mit dem Herzen, mit dem ganzen Menschen.

In den griechischen Tragödien, in den Dramen der großen Dichter und Denker, in den bildschaffenden Werken der Antike und Renaissance et cetera, sehen wir Werke, die dieser Sphäre entspringen. In der heutigen „modernen" Kunst hat man dagegen oftmals den Eindruck, dass der Künstler nur noch sein Persönliches auslebt – Hauptsache es ist originell, vielleicht noch witzig, provozierend oder formal-ästhetisch, die tieferen Inhalte, nicht nur die intellektuellen Erkenntnisse, sucht man meist vergebens.

So trifft man sich zum Beispiel auf Vernissagen oft nur noch zum Plaudern und Sekt trinken, die Werke sind Nebensache, da man heutzutage sowieso schon reizüberflutet ist. Zudem wird der Kunstmarkt von Galeristen und Museen ziemlich stark manipuliert, so dass es vermehrt Modeströmungen gibt, die ein paar Jahre dauern, wenn sie ordentlich Geld einbringen, um dann, wenn alle Anleger und Sammler gesättigt sind, einer neuen Richtung Platz zu machen.

Die Seele, das Innere des Menschen wird von solchen Werken meist nur noch wenig angesprochen. Daher müssen immer wieder neue, ungewohnte, originellere und stärkere Effekte und Motive gezeigt werden, um die Menschen doch noch erreichen und begeistern zu können. Intellektuell kann man sich mit solchen Werken meist recht gut auseinandersetzen oder man bleibt nur stehen bei der Aussage, das gefällt mir oder auch nicht. Das scheint vielen Zeitgenossen auch zu genügen.

Manche Werke der modernen Kunst, wie zum Beispiel diverse „Medienkünste", sind, wenn man sich ihnen unvoreingenommen aussetzt, sogar krankmachend für die Seele, denn die Seele braucht eine gesunde „Nahrung", sie braucht Schönes und Erweckendes, Anregendes und Weiterbringendes. Das muss auch gar nicht nur in klassischen Stilen herkommen, dafür sind auch moderne Techniken und Ausdrucksweisen erlaubt.

Meines Erachtens hat der besagte geistliche Würdenträger doch auch einen wunden Punkt der heutigen Kunstszene angesprochen, denn die Kunst ist wahrlich nicht beliebig, nach dem Motto: man macht halt, was einem einfällt und Spaß macht, denn alles ist ja irgendwie und sowieso erlaubt. Die Kunst zeigt, in einem gesellschaftlichen Kontext gesehen, recht deutlich den inneren Wert einer Kultur. Sie unterliegt eben nicht nur der persönlichen Willkür, denn sie untersteht einem geistigen Prinzip: sie muss wahr sein, das Schöne anstreben und zu einem Guten hinführen.

Wird Kunst nur noch gemacht, um darin Spaß und Erfolg zu haben, um ein extravagantes Dasein zu gestalten oder um Zeitvertreib, um „Spiele" zu gewährleisten und manchmal auch nur noch, um die seelischen Abgründe auszuschütten oder der Gesellschaft in derber und frivoler Art einen Spiegel vorzuhalten, so ist das auf Dauer gesehen viel zu flach, zu einseitig und wird dem künstlerischen Weg beziehungsweise der Mission der Kunst nicht gerecht.

Kunst will und soll verwandeln. Natürlich muss dazu der Künstler mit dem arbeiten, was da ist. Er selbst und sein Leben in der Welt, das ist das Rohmaterial. Erkennt er dieses in sich, erkennt er es auch in der Welt. Er bleibt aber nicht bei diesem „Sosein" stehen beziehungsweise er versucht nicht, es nur als Last oder Bürde loszuwerden, es „rauszukotzen". Er will transformieren, wandeln, hin zur Wahrheit, hin zur Schönheit und damit auch zum Guten.

Gute Kunst muss dabei nicht nur ästhetisch schön sein, sie kann manchmal durchaus vom Hässlichen, Kranken und Falschen ausgehen, dieses aufgreifen, doch ihr darf ein Impuls innewohnen, dabei nicht stehen bleiben zu wollen, sondern es hin zur Schönheit, zum Guten hin führen zu wollen. Da kann dann durchaus auch ein Ringen sichtbar werden. Letztlich geht es dabei aber um die Wahrheit. Kunst darf dazu aufzeigen, provozieren, sie soll neue Sichtweisen und Blickwinkel ermöglichen, sie soll durchaus zum Nachdenken anregen, sie soll aber auch eine gesunde Nahrung sein für die Seele. In der Auseinandersetzung mit einem Werk soll und darf die betrachtende Seele Impulse und Anregungen bekommen, damit sie innerlich wachsen kann. Diesen seelischen Weg muss der Künstler vorab selbst gegangen sein. Ohne seelische Läuterung und Wandlung entsteht keine echte Kunst. Selbst ein Komiker wird seinen Witz nicht in einer Oberflächlichkeit finden können. Ein tiefes Erleben ist immer die Vorausetzung für ein kreatives Kunstschaffen.

Ein Kunstwerk wird geboren. Der Künstler bekommt einen inneren Impuls, angeregt durch äußere Situationen, durch seelische Stimmungen oder durch biographische Krisen. Man geht mit diesem Eindruck, mit diesem Impuls, mit dieser Kraft „schwanger", erhält weitere anregende „Nahrung" und bewegt diese Stimmungen solange in sich, in seiner Seele, oftmals lange Zeit sogar noch unbewusst, bis sie eines Tages so reif sind, dass sie in die Tat, in das Werk umgesetzt werden können. Künstler ist man mit Leib und Seele, mit ganzem Herzen und Sein.

So wie man sich selbst nicht zum Schamanen erklären kann, so auch nicht zum Künstler. Sie werden beide im Leben auserwählt und nach zahlreichen Wehen geboren. Wie ein Kind braucht der heranreifende Künstler viel Schutz, Natur und Muse. Deshalb sind auch viele Künstlerschicksale sehr zerbrechlich und sensibel.

Mit Haut und Haar ist man seiner Aufgabe, seinem Werk verschrieben. Oftmals beinhalten die Geburtswehen eines Werkes starke Leidenszeiten bis hin zu körperlichen Gebrechen, von den materiellen Entbehrungen ganz zu schweigen.

Der Künstler durchlebt, durchleidet und durchlichtet sein Sein. Das ist Lebenskunst. Diese darf dann in seinen Werken sichtbar werden. Letztlich geht es aber gar nicht nur um die Werke, um das Geschaffene, sondern in unseren Tagen vor allem um ein Tun, um die Transformation des Unbewussten, des Kranken und Abgründigen, des Allzumenschlichen, des Gewöhnlichen und Natürlichen in Bereiche hinein, die ein Überzeitliches, Universelles aufzeigen können, das ihn selbst und im weiteren dann auch die Betrachter beziehungsweise die Kultur erhöhen kann.

Unsere heutige westliche Gesellschaft und Kultur zeichnet sich vor allem durch eine Wissenschaft aus, die das Tote, die Materie erforscht und zu großen technischen Möglichkeiten aufbaut. Die metaphysische, die übersinnliche Welt wird darin ausgeklammert. Die Politik verwaltet mehr und mehr die Menschen, denn sie vertritt zusehends die Interessen der „Mächtigen und Reichen". Die Religionen sind weitgehend verkrustet, versteift und geschwächt, egal welche Religion man betrachtet, denn sie sind oftmals von ihrem Ursprungsimpuls recht weit entfernt, sei dies im Christentum, im Judentum, im Islam oder im Buddhismus.

An der Quelle ist das Wasser klar und rein. Flüsse verschmutzen, je weiter sie von der Quelle, vom Ursprünglichen, von Gott entfernt sind. Manchmal werden Religionen sogar von gegenteiligen, dämonischen Impulsen vereinnahmt und missbraucht. Doch das Meer sammelt alles Wasser wieder auf. Es hat eine reinigende Kraft für das einfließende Wasser, vor allem wenn es verdunstet und in die luftigen Sphären der Erde emporgehoben wird.

„Die Seele gleicht dem Wasser". Dieser Ausspruch Goethes offenbart ein Gleichnis, das auch für die menschliche Seele gilt. Denn die Seele wird im nachtodlichen Leben, wenn sie ihre Reise in seelische und geistige Sphären beginnt, gereinigt und dort mit neuen Impulsen, Idealen und Aufgaben betraut. In der irdischen Welt werden diese Impulse manchmal sehr leicht vergessen. Viele Politiker, Wissenschaftler, aber auch Priester, selbst manchmal die Künstler, sie werden korrupt, verkaufen ihre Ideale für Geld und persönliche Vorteile oder missbrauchen ihre Machtstellungen. Das zeigt die Geschichte immer wieder und zwar seit Jahrtausenden.

Eine Hochkultur äußert sich darin, dass die Lenker und Führer sich selbst einem Höheren unterstellen und dadurch dem Wohle des Ganzen, der Gemeinschaft dienen. Die Führer eines Volkes, sie repräsentieren in menschlicher Analogie das Haupt, sie sind der Kopf. Das Volk, die Arbeiter, die für die irdischen Bedürfnisse sorgen, sie repräsentieren den Magen, den Bauch und die Gliedmaßen. Der Künstler, der wahrhaft mit ganzem Herzen und ganzer Seele für die Kunst lebt, er spiegelt das Herz eines Volkes. Vom Herzen strömt alles aus, die Kunst kann daher das Leben eines Volkes befruchten und erneuern. Gäbe es die Kunst nicht, so wären nur Bauch und Kopf wirksam: Arbeit, Wohlstand, Ordnung und Gesetz. Das, was einem Volk das Schöne, das Lebendige, das Neue und Unerwartete bringen kann, das, was über das Alltägliche hinausgeht, was die Ordnung und die Arbeit belebt, müsste ohne die Künstler und ihre Werke verdorren.

Sicherlich kann man hier einwenden und sagen, dass es auch Politiker, Priester und Gelehrte gibt, die wahrhaft strebsam sind und dem Guten dienen, so wie es andererseits Künstler gibt, die im Rausch und schönen Schein aufgehen. Heutzutage überwiegt jedoch der äußerliche, nach Karriere, Macht, Erfolg, Ruhm und Geld strebende Typus. Dieser wird in der Welt der Medien geachtet und kultiviert. Die wirklich großen Menschen, die sich nicht im Rampenlicht der Scheinwerfer selbst erhöhen wollen, sie taugen vielleicht erst im Nachhinein, nach ihrem Ableben zu erbaulichen Stunden und Ehrungen, während ihres Lebens waren sie dagegen vielfältigsten Anfeindungen ausgesetzt oder sie werden einfach totgeschwiegen. Eine oberflächliche, veräußerlichte Kultur ist die Folge, in der die wahren Werte des Menschseins immer mehr auf der Strecke bleiben.

Doch auch dieses „Feld" muss der Künstler des Lebens annehmen und beackern. Ein Jammern nützt ja nichts. Er muss Samen in die Welt hineinlegen, in der er selbst darinnen ist, auf dass daraus zukünftig neue Werte sprießen und gedeihen können. Oftmals ist der Künstler mit seinem „Samen" der Gesellschaft um Jahre voraus, er wird heute oftmals noch nicht wirklich verstanden oder ignoriert. Doch den Samen muss er säen, nicht für sich, vielleicht auch erst für künftige Generationen, die dann daraus Impulse und Anregungen schöpfen können.

So hat der Künstler auch heute noch eine Mission: Mitzuwirken an der Verwandlung des gesellschaftlichen Lebens. Joseph Beuys zum Beispiel setzte dafür einen Impuls, der bis in das politische Leben hineinwirken soll. Er ist aber noch längst nicht genügend verstanden worden. Seine Werke, ja, sie machten ihn bekannt, weil sie provokant und außergewöhnlich waren. Doch ohne seinen Gedankenkosmos bleiben seine Werke unvollkommen. Man muss eben den ganzen Menschen sehen und verstehen, nicht nur sein Werk.

Doch auch die Wissenschaften können durch die Kunst belebt werden und natürlich auch die Religionen. Was wäre das Christentum ohne die Lieder, Musikwerke und Bilder sakraler Kunst? Ja, selbst in Fabriken und Büros, in Schulen und Krankenhäusern, in Gefängnissen und Verwaltungen kann die Kunst belebend, transformierend, verschönernd und heilend eingebracht werden. So wie Joseph Beuys dies einmal ausdrückte: Die Kunst kann man überhaupt nicht verstehen, in einem intellektuellen Sinne gemeint; sie ist dazu da, um ganz neue Sinne herauszubilden, die wir vielleicht noch gar nicht haben, die aber bitter nötig sind für die Zukunft des Menschen. Die Kunst ist also auch zur Ausbildung und zur Erziehung der Sinne da.

Den Sinn für das Schöne in sich zu entwickeln, ist nicht so sehr eine Frage der Mode und des Geschmacks, sondern ein Wahrnehmen des inneren Gehaltes, der inneren Schönheit, der Menschlichkeit, der Güte, sowie den Werten des Guten und Wahren, die erst wirklich schön machen - im Kunstwerk und dann auch in sich selbst. Irgendwann in ferner Zukunft wird diese innere Schönheit sich auch bis ins Äußere hinein zeigen, im Ausdruck, in der Gestalt, in der Physiognomie und so weiter, wie auch das Umgekehrte. Dann werden negative seelische Eigenschaften auch im Äußeren der Menschen sichtbar werden.

Der Künstler verwandelt, er bearbeitet den Rohstoff so lange, bis dieser mit seinen Idealen in Übereinstimmung gebracht ist und dann das entstandene Werk in Schönheit, das heißt, im Ausgleich und im rechten Maß von Inhalt und Form erscheinen kann. Wenn der Inhalt, das innere Leben, wenn die seelischen und geistigen Impulse und Erkenntnisse des Künstlers, egal in welcher Kunstrichtung, in einer adäquaten Form, ausgedrückt im Material, im Werk, in der Bewegung, in der Musik oder in der Sprache, wie auch im Spiel erscheinen kann, so dass die geschaffene Form diesen Inhalt rein und ungetrübt widerspiegelt, so ist das Werk gelungen, es ist schön. Und es ist die Schönheit, die uns erretten kann von den Zwängen und Abgründen, die uns ein egozentrischer Materialismus immer stärker aufbürden will.

So ist die Kunst nicht nur zu einem Selbstzweck, zum persönlichen Ausleben des Künstlers oder zur Freizeitgestaltung beziehungsweise zur Unterhaltung geschaffen, sondern vor allem zur Bildung des Menschen, zur Menschenbildung, denn, wie schon Friedrich Schiller sagte: der Mensch ist nur dann ganz Mensch, wenn er spielt. Der spielende, der staunende, der unvoreingenommene und offene Mensch, das „Kind" im Menschen vermag es, immer wieder etwas Neues kreieren und schöpfen zu können.

Die Kunst ist ein Quell, wir dürfen ihr folgen bis hin zum Ursprung, bis hin zur Quelle, denn da ist reiner Geist, reine Kraft, reiner Wille und sehr viel Phantasie und Poesie, in die der Mensch eintauchen kann, um daraus neue Ideen, Impulse, Weisungen und ein schöpferisches Vermögen empfangen zu können. Nicht was die Kunstkritiker sagen, ist daher mehr entscheidend, denn diese sind meistens nur am Analysieren, am Einordnen und Katalogisieren und damit selbst schon weit von der Quelle entfernt. So dürfen wir immer auch offen sein für die Impulse, die uns echte Künstler zumuten, denn darin sind Zukunftsgaben enthalten, die wir alle dringend brauchen.

Deutschland – ach – deine Kultur

Noch bis vor 100 Jahren waren in Deutschland die Dichter und Denker die eigentlichen Heroen und Helden. Heute sind es in den meisten Medien die „Superstars" der Unterhaltungsindustrie oder die Balltreter, auch wenn diese manchmal „ausflippen" und durch Fouls, Beschimpfungen oder sonstige unästhetische Erscheinungen auffallen, die dann des öfteren keine besonders edlen Charakterzüge zeigen, die Hauptsache ist, sie können unterhalten, mit dem Ball, mit Autos und ähnlichem umgehen und gewinnen. Unsere ganze Gesellschaft, ja bis in die Kultur hinein, ist leistungsbetont und erfolgsorientiert. Wer nicht auf dem Markt der Eitelkeiten glänzen kann, vielleicht auch nur, weil er sich nicht „verkaufen" will, bleibt unerkannt, wird nicht gefördert oder totgeschwiegen.

Tiefe, wahre Kunst führt heute eher ein Nischen-Dasein. Vielleicht erhält sie in einigen Sparten noch einen Rest an Anerkennung, zum Beispiel als „gesellschaftliches Gewissen", so wie dies ein Heinrich Böll noch innehatte oder auch ein Günter Grass. Doch das ist eine aussterbende Spezies, denn die Dichter und Denker, sie legen keinen Wert auf Events und auf großes Aufsehen.

Der Staat beziehungsweise die Sponsoren, sie fördern oftmals nur noch das, was populär ist und bekannt macht. Die Medien und da vor allem das Fernsehen, sie bestimmen für die Masse zusehends, was sozusagen „in" ist. Und das ist vermehrt die Unterhaltung, der Nervenkitzel, das Spektakel, die Show, der Spaß, der Sex und das Vergnügen. Ein Event- und Starkult dominiert das mediale und in der Folge auch das gesellschaftliche Leben. Alles, auch die Kunst, gerät immer mehr in das Diktat der freien Vermarktung hinein. Lässt sich damit Geld verdienen oder lassen sich Kunstwerke wenigstens noch als Kapitalanlage gebrauchen? Dies wird zunehmend wichtig für die Kunst und die Kultur. Die Gesetze beziehungsweise die Ideologie des freien Marktes, des Wirtschaftlichen, insbesondere des Kapitalismus, machen vor nichts mehr halt.

Das soll jetzt aber nicht heißen, dass es keine gute und anspruchsvolle Kunst mehr gibt. Doch wir leben in Europa hauptsächlich noch vom Erbe der großen Künstler, zum Beispiel in der klassischen Musik, in den Theaterstücken und Opern oder in der bildenden Kunst, deren Werke teilweise schon einige Jahrhunderte alt sind, aber noch immer viele

Menschen bewegen. Gerade in den Kreisen der Intellektuellen, der Gebildeten und Reichen hat die klassische wie manchmal auch die moderne Kunst noch immer einen hohen und anerkannten Stellenwert. Denn die Kunst zählt zu etwas Besonderem, zur Avantgarde, jedoch die heutigen Künstler, die nicht populär und berühmt geworden sind, sie leben mehr oder weniger in einem Nischen-Dasein, ja, sie sind meistens nur noch unter sich mit einigen treuen Anhängern und Freunden der Kunst. Ihr Dasein wird oftmals geprägt durch einen Existenzkampf, dem Suchen nach neuen Ideen und dem sich Anbiedern in einem komplexer und globaler werdenden Kunstmarkt. So sind die Kunstschaffenden mit viel Aufwand und Einsatz bemüht, sich und ihre Werke an die Leute zu bringen, an die Wirtschaft und die industriellen Mäzene, an das Kultur-Management und an Agenten, die oftmals mehr profitieren als die Künstler selbst. Und nicht alle Künstler schaffen es beziehungsweise haben das Glück, an solche Vermittler und Mäzene heranzukommen, denn meist bestimmen Galeristen und Agenturen, welche Kunstströmungen und Richtungen aktuell beziehungsweise welche gut zu verkaufen sind. Der Kunstmarkt ist ein eigener Wirtschaftszweig geworden, wo Händler über Künstler hinweg das Sagen haben. Die Künstler selbst werden dabei immer mehr zur Nebensache, nur ein bekannter Name zählt noch, denn der lässt sich natürlich besser vermarkten.

Die Politik hält sich aus diesem Markt immer mehr heraus. Oft wird gesprochen: Ja, wir würden gerne die Kultur, die freie Kunst fördern und so weiter, doch leider haben wir zu wenig Geld, zu viele Schulden oder ähnliches. So wird in finanziell angespannten Zeiten zuerst am Kulturhaushalt gestrichen, weil deren Lobby und Anhängerschaft in vielen Städten und Landen ziemlich geschrumpft ist. Für gewisse Prestige-Objekte sind jedoch immer noch genügend Geldmittel vorhanden.

Zusammengefasst betrachtet zeigt das gegenwärtige kulturelle Leben ein langsames Abnehmen und Sterben, nicht im Sinne der Vielzahl der künstlerischen Ausdrucksweisen und Happenings, sondern eher in der Qualität. Alles wird pompöser, lauter, greller, flacher und oberflächlicher. Die Kreativitä und die Phantasie wird dabei gerne für persönliche Zwecke gebraucht beziehungsweise missbraucht, wie in der Werbung oder um sich durch spektakuläre Maßnahmen einen „Namen", eine Bekanntheit aufbauen zu können. Dadurch werden langfristig gesehen die kreativen und schöpferischen Kräfte geschwächt, denn die Musen und somit die Inspirationen für eine tiefe Kunst erfordern vom Künstler eine gewisse Sensibilität, Sensitivität, Ehrfurcht, Bescheidenheit und einen ausgeglichenen Charakter. Diese Künstler gibt es auch noch, doch neue, zukunftsweisende und herausfordernde Impulse werden von der „Masse" kaum mehr wahrgenommen.

Viele Künstler fühlen sich dadurch selbst zunehmend ohnmächtig, sie fordern daher des öfteren vom Staat, vom gesellschaftlichen Leben eine Unterstützung, was nicht mehr so leicht für alle bewerkstelligt werden kann, da es inzwischen sehr viele Initiativen und Künstlergruppen gibt. Die Zeiten, in denen die Gemeinschaft alles für die Einzelnen besorgte, gehen in einem Turbo-Kapitalismus recht schnell zu Ende. Doch allein auf sich selbst gestellt, vermögen es nicht alle, über die Runden zu kommen. Das Glück, einen privaten oder öffentlichen Mäzen zu finden, hat nicht jeder.

Wie kann folglich eine Förderung aussehen, die dem Künstler Räume und Möglichkeiten gewährt, damit er seine kreative Kräfte ins Dasein bringen kann?

Um diese Zukunftsfrage beantworten zu können, muss zuerst einmal der tiefere Sinn unserer jetzigen Schieflage verstanden werden, denn alles was geschieht, hat ja einen berechtigten Anspruch und dann auch einen Platz im gesellschaftlichen Leben. Es soll ja nicht darum gehen, nur über das Bestehende zu Jammern und zu Klagen. Wir müssen die Zeitlage verstehen und daraus Möglichkeiten zum Gesunden dieser Zustände finden.

Ein Mangel an irgend etwas zeigt dann immer auch ein Fehlen eines positiven Selbstverständnisses beziehungsweise das Fehlen oder nicht genügende Beherzigen von gesunden Alternativen, die es immer auch gibt. Die etablierten Kunstschaffenden waren sich lange Zeit und auch heute oftmals selbst genug, man feiert sich gerne selbst und würde natürlich immer weiter aus dem „Vollen" schöpfen können, so wie in den zurückliegenden Jahren, was vor allem für die großen Theater und für die Medien, wie das Fernsehen zutrifft. Doch das soziale Leben bleibt nicht stehen, neue Impulse wollen verwirklicht werden. Werden diese verschlafen, zeigen sich gesellschaftliche Mängel, meist als Gegenbilder des Gesunden und Fortschreitenden, an denen wir so lange leiden dürfen, bis wir daran aufwachen und umkehren. Somit hat alles seinen Sinn.

Was ist die Aufgabe, die Vision der Kultur und da im Speziellen die des Künstlers? Wo hat die Kunst ihren Platz, an dem sie gesundend und fördernd wirken kann?

So wie das Denken, Fühlen und Wollen in der menschlichen Seele zusammenarbeiten und harmonisieren müssen, damit der Mensch ganzheitlich agieren kann, damit also Kopf, Herz und Bauch eine Einheit bilden, so muss im Staat, in der Gesellschaft die Kultur, die Politik und die Wirtschaft harmonisch zusammenkommen, damit das Wohl des Ganzen gefördert wird. Die Kultur soll kreieren, gestalten und die neuen Impulse liefern, die dann von der Politik und Gesellschaft angenommen, umgesetzt beziehungsweise verwaltet oder auch abgelehnt werden. Die Wirtschaft sorgt dabei für die nötigen Mittel, um die materiellen Bedürfnisse aller Menschen befriedigen zu können.

Lassen wir also nicht die Politik allein gestalten, schon gar nicht das kulturelle Leben, denn das können Politiker nicht. Politiker greifen meistens Stimmungen und Strömungen auf, die für ihre eigenen Ziele und Intentionen förderlich sind. Nur der im Geistes- und Kulturleben Stehende hat auch Inspirationen aus dem lebendigen Geist. Das Geistes- und Kulturleben wird, gesellschaftlich gesehen, aus der Wissenschaft, aus der Kunst und aus der Religion gebildet. Daraus sollen neue Ideen und Visionen für ein gesundes Zusammenleben aller kommen.

Politiker sind Menschen, die eher das wahrnehmen, was es an gesellschaftlichen Strömungen, Visionen und Ideen, aber auch an Ängsten, Neigungen und Gewohnheiten in einem Volke gibt. Sie bringen diese menschlichen Impulse, wenn sie von einer größeren Anzahl an Bürgern aufgenommen sind, in einen Rahmen, in eine Struktur beziehungsweise in Gesetze ein. Kommen jedoch aus dem Geistesleben zu wenig befruchtende Ideen für die Gesamtheit, so kann es passieren, wie es heute schon überall ersichtlich ist, dass die Politiker vermehrt von Interessengruppen, sogenannten Lobbyisten aus der Wirtschaft beeinflusst und gesteuert werden. Dadurch bleiben meistens die geistigen Impulse, Ziele und Visionen zur Erneuerung der Gesellschaft auf der Strecke oder sie werden sogar noch in ihr Gegenteil verzerrt.

Wie gesagt, die Wirtschaft mit ihren Interessen kann aber nur dadurch so stark und übermächtig werden, weil die Impulse und Ideen aus dem Kultur- und Geistesleben so schwach geworden sind oder auch, weil sie nicht genügend Plattformen finden, zum Beispiel in den Medien, um überhaupt von Vielen gehört und wahrgenommen werden können. So werden diese neuen Impulse oftmals nicht von genügend Menschen mit dem Herzen aufgenommen. Die geistigen Impulse, sie sind aber da!

Werden neue Ziele und soziale Impulse für die Gesellschaft ignoriert, überwiegt in der Folge der Materialismus und Egoismus, die Kultur, sowie die Gesellschaft als Ganzes triftet mehrheitlich ab in einen Subjektivismus, in den Konsum, ins Amüsement, in den Sexismus, in die Verrohung und in die soziale Kälte.

Impulse für eine menschengemäße Zukunft müssen aus dem Geistesleben kommen, wozu die Wissenschaft, die Kunst und die Religion gehört. Heute erstehen neue Impulse vor allem auch in der sogenannten Zivilgesellschaft, die aus den Sorgen und Nöten der Zeit hervorgehen. Politiker können keine geistigen Impulse setzen, sie verwalten nur. Der Staat soll und kann keine Kultur machen, seine Aufgabe ist es, die Bürger zu schützen und Rahmenbedingungen zu schaffen, damit sich die einzelnen Bürger darin frei und selbstbestimmt bewegen können.

Viele Kunstschaffende, aber auch Wissenschaftler und Professoren, ja selbst die Konfessionen, haben sich angewöhnt, vom Staat, von der Stadt beziehungsweise von der Politik zu fordern (Räume und Geldmittel). Doch damit geben sie natürlich ein Stück weit ihre Freiheit auf. Denn zur Kultur gehört die Freiheit und damit auch die Selbstverwaltung. Wo ist diese noch gegeben, wenn der Staat bestimmt, was gefördert wird und was nicht?

Nicht der Staat muss für alles sorgen. Diese Zeit geht langsam aber sicher zu Ende. Wir wollen keinen Überstaat oder Einheitsstaat, dem sich alles andere unterzuordnen hat. Er würde sich dadurch sowieso übernehmen. Die Wirtschaft als Sponsor für die Kultur zu gewinnen, führt jedoch auch nicht zu einer echten Freiheit, da die heutige Wirtschaft aus allem einen Nutzen für sich selbst ziehen will.

Freiheit im Geistesleben, Gleichheit im politischen Leben, im Rechtsleben und eine Brüderlichkeit beziehungsweise eine Sozialität und Solidarität im Wirtschaftsleben sind die Schlagworte für eine gesunde, gerechte und humane Gesellschaft, so wie diese in der französischen Revolution erstmals aufgetreten sind, nun aber ihre Bereiche finden müssen, damit sie gesundend und belebend wirken können. Heute erleben wir eine Verkehrung dieser Qualitäten in den gesellschaftlichen Bereichen und Strukturen. In der Wirtschaft hat sich die Freiheit, der Freiheitsgedanke eingenistet und weitestgehend durchgesetzt, zum Beispiel in der neoliberalen Globalisierungsstrategie und in den vielen Freihandelsabkommen. Freiheit im Wirtschaftsleben führt jedoch dazu, dass sich der Stärkere durchsetzt, wenn man vom Konkurrenz- und Wettbewerbsgedanken und nicht von dem der Brüderlichkeit und einer bedarfsgerechten Verteilung von materiellen Gütern ausgeht. Im Wirtschaftsleben ist die Brüderlichkeit, die Geschwisterlichkeit angesagt, wo es darum geht, in Wirtschaftsassoziationen, also im Zusammenarbeiten, im Kooperieren von Produzenten, Händlern und Verbrauchern, die Wirtschaft hin zur Befriedigung der Bedürfnisse aller Menschen auszurichten, denn sie sollte dem Menschen dienen und so muss sie teilen und verteilen, damit eine soziale Gerechtigkeit entsteht.

Leider findet sich die Brüderlichkeit fälschlicherweise vermehrt in der Politik oder in den Vorstandsetagen der Konzerne, wo Kumpaneien entstehen, wo vermehrt eine „Vetterleswirtschaft" und Korruption Einzug halten und das zumeist auf Kosten der Allgemeinheit. Die Gleichheit vor dem Recht und die soziale Gerechtigkeit wird dadurch ausgehöhlt. Das Gleichheitsprinzip, das in das Rechtsleben einer Gemeinschaft hinein gehört, ist zunehmend in eine Gleichmacherei im Bildungs- und Kulturleben abgetriftet. Der American Way of Live, die „Brot und Spiele"-Kultur und allgemeine Bildungsstandards fördern eben nicht die individuelle Freiheit, sowie die individuellen Begabungen, die Einzelne mitbringen, sondern sie dienen nur den Nützlichkeitserwägungen, die meistens aus der Wirtschaft gestellt sind, was zum Beispiel Bildungsabschlüsse und dergleichen betrifft.

Wie kann also Freiheit und damit auch finanzielle Freiheit im Kulturleben bewerkstelligt sein?

Viele Kulturschaffende und Institutionen wie Theater und Orchester können nicht allein von den Eintrittsgeldern leben und sind daher auf Zuwendungen angewiesen. Doch woher sollen diese kommen?

Die Kultur geht alle an, sie bestimmt das Selbstwertgefühl innerhalb einer Gemeinschaft. Also muss auch jeder dazu seinen Beitrag leisten. Jeder hat schließlich auch seinen Nutzen aus Bildung, Wissenschaft, Kunst und Religion.

Zum Beispiel könnte eine Kultursteuer eine gewisse Transparenz im heute undurchschaubaren Steuersystem schaffen, wo dann so und so viel Prozent vom Steuereinkommen an die Kultur abgezweigt wird. Wenn die Menschen wissen, für was sie Steuern bezahlen, wenn also das Steuergeschehen transparenter, einfacher und übersichtlicher wird, können sie sich auch besser damit verbinden. Eine Bildungs- und Kultursteuer, eine Umwelt- und Verkehrssteuer, eine Verwaltungs- und Sozialsteuer, eine Verteidigungs- und Energiesteuer und so weiter, würde die vielfältigen Aufgaben innerhalb einer Gesellschaft besser aufzeigen, als eine einheitliche Besteuerung, zumeist der Einkommen aus den Arbeitsverhältnissen. Der Staat hat die Aufgabe, die Steuern einzutreiben, doch dann vermittelt er nur noch an die Institutionen und Behörden, die diese Gelder weiter verwalten und verteilen.

So könnte im Bereich des Kulturlebens ein Kulturrat, gemischt aus den verschiedenartigen Kunstrichtungen, in dem verschiedene Mitglieder aus den jeweiligen Institutionen, wie den Theaterverbänden, den Orchestern, den Künstlerbünden, wie auch aus der sogenannten freien Kulturszene anwesend sein und dann frei über die Verteilung der Finanzen entscheiden. Nicht mehr Politiker und Beamte wären in der Pflicht, sondern die Kulturschaffenden selbst. Zusätzlich kann natürlich jede einzelne Institution durch Stiftungen, Schenkungen, Spenden und natürlich den Eintrittsgeldern sein finanzielles Budget erweitern.

Freiheit in der Kultur gibt es nur, wenn die Künstler, die Wissenschaftler, die Lehrer und Dozenten niemandem in der Gesellschaft, wie zum Beispiel den Politikern oder Unternehmern verpflichtet sind und diesen nicht mehr „dienen" müssen. Der Künstler und der im Geistes- und Kulturleben Tätige sollte aber auch nicht nur der persönlichen Willkür beziehungsweise der eigenen Phantasiekraft unterliegen, denn die Kunst und die Kultur hat eine Aufgabe: sie muss dem Menschlichen und damit einer höheren, einer zukünftigen Welt dienen können.

Lebt sich der Künstler nur selber aus, kann er manchen Zeitgenossen vielleicht noch zum Spiegel werden, jedoch er trägt dann kaum noch zu einer gesunden Fortentwicklung bei.

Inspirationen entstehen, wenn sich der Künstler den Musen hingibt, wenn er Werte vermitteln und Bereiche des Menschlichen durch seine Kunst aufschließen will, die weckend und gesundend auf das Menschsein wirken. Jemand, der sich nur den finanziellen Verlockungen oder den gesellschaftlichen Vorstellungen des „Mainstream", also dem subjektiven Gefallen und dem sich Belustigen preisgibt, kann nicht von einem fortschreitenden, guten Geist inspiriert sein. Da dient mit der Zeit das kulturelle Leben nur noch dem Zeitvertreib, der Spannung und Unterhaltung, der Zerstreuung, dem Frivolen und dem Rausch, wie dem Eigengenuss und der persönlichen Willkür, aber nicht mehr dem eigentlich Menschlichen, den Werten des Wahren, des Guten und des Schönen und damit einer gesunden und aufsteigenden Gesellschaft und Kultur.

Die Kunst hat Zukunftsimpulse zu vermitteln. Allein das Aufzeigen gegenwärtiger Missstände, Mängel und Grausamkeiten reicht nicht aus, damit sie ihren Auftrag erfüllen kann.

Starke Untergangstendenzen machen sich breit. Eine „alte" Kultur ist am untergehen. Zukünftige Impulse sind ausgesät, zum Beispiel in einer organischen Architektur, in einer lebendigen und sakralen Kunst, in

Werken, die mit den Kräften arbeiten, die wir für eine neue Kultur brauchen, wie die Arbeiten von Joseph Beuys mit der Honigpumpe, mit Fett, Filz und ähnlichem, wodurch wir einen neuen Bezug zu diesen Symbolismen erhalten können, die sich ja im Lebensalltag spiegeln. Ja, die Gesellschaft braucht dringend zwischenmenschliche Wärme und sie braucht ein solidarisches Handeln, damit sie sich von den immensen Attacken befreien kann, die unsere Kultur bedrohen - sei es durch Oberflächlichkeit, Abstraktion, Intellektualismus, Sexismus, Macht- und Geldwahn, sei es durch einen einseitigen Materialismus und Egoismus.

Eine Kunst ist es, einen Standpunkt einnehmen zu können, der uns nicht nur einen kleinen Ausschnitt, eine persönliche Sicht der „Wirklichkeit" erlaubt, sondern die Welt und das Leben in verschiedenen, in größeren, in zusammenhängenden Blickwinkeln betrachten zu lernen. Eine kulturelle Größe zeigt sich immer auch darin, dass wir unsere Gewohnheiten, Einstellungen und Traditionen erweitern, erhöhen und damit verlebendigen können – hin zu einem großen Sein, in dem alles mit allem verbunden ist, in dem sich der Einzelne weitet und sich in diesem Großen und Umfassenden erst richtig selbst finden kann.

Ein recht anschauliches Beispiel für den Zustand unserer Kultur lieferte vor einiger Zeit die Stadt Freiburg, in der ich gerade lebe und das ich deshalb hier noch schildern will. Da sollen nämlich die Bürger für den städtischen Haushalt, also für die Verwendung der Finanzen mitreden dürfen. An sich eine löbliche Sache, wenn man genügend Sachverstand voraussetzen kann und nicht nur aus persönlichen, willkürlichen, sympathiebetonten oder antipathischen Motiven, quasi aus dem Bauch heraus entscheidet. Es wird also eine Stimmung in der Bevölkerung abgefragt, abstimmen über den Haushalt tut letztlich weiterhin der städtische Rat.

Durch das Zuwenden und Streichen von Geldern im Haushalt wird Zukunft mitgestaltet. Politiker können aufgrund dieser Befragungen leichter bestimmte Kürzungen vornehmen, zum Beispiel für die Kultur, da die Anhänger der Kulturszene zahlenmäßig den Normalverbrauchern meistens unterlegen sind. Ist man sich den Auswirkungen hierfür auch voll bewusst?

Nun gab es zu diesem Bürgerhaushalt eine Umfrage, wo mehrheitlich die Stimmung vertreten wurde, mehr Geld für Bildung und Jugendarbeit, dafür an Theater und Kultur zu sparen. Über Kunstförderung und Kultur mehrheitlich abzustimmen, ist mehr als ein fragliches Unterfangen. Das Niveau einer Kunst und vor allem das der modernen Kunst liegt meistens nicht im Interesse von „Otto-Normalverbraucher", der lieber Sport, Unterhaltung und deftige Festivitäten genießen will und hauptsächlich um das Wohl seiner Kinder, sowie den alltäglich notwendigen Dingen des Lebens besorgt ist. Kunstfreunde bilden hier natürlicherweise eine Minderheit. Spätere Generationen sind aber meistens sehr dankbar dafür, denn Kunst ist immer auch eine Zukunftsinvestition. Nachfolgende Generationen können die heutige Kunst sicher mehr schätzen als die jetzigen Zeitgenossen. Das zeigt die Geschichte immer wieder, denn echte Kunst ist seiner Zeit voraus.

Diese bürgerschaftliche Abstimmung zeigt jedoch ein allgemein gängiges Meinungsbild, obwohl Freiburg sich gerne noch zu den gebildeten, fortschrittlichen und niveauvollen Städten zählen möchte, was ja auch eine gewisse Umkreiswirkung mit sich bringt. Nicht nur die schöne Natur oder alte Kulturdenkmäler, wie das Münster und die Altstadt locken zahlreiche Reisende an, sondern auch die Vielfalt des kulturellen und sinnlichen Flairs, das eine Stadt zu bieten hat.

Die Menschheitsgeschichte zeigte immer wieder Blütezeiten im gesellschaftlichen und kulturellen Leben, wie auch Untergänge und Epochen, in denen vermehrt die niederen Beweggründe das Leben bestimmen. Hochkulturen sind Blütezeiten. Fördert eine Gesellschaft die hohe Kunst und Kultur, so profitieren alle davon, denn es wird ein Klima, ein Raum geschaffen, in dem die Menschen und da vor allem die Heranwachsenden optimal gedeihen können. Sinkt das kulturell-geistige Niveau, so kann dieser Raum von niederen Instinkten und Beweggründen besetzt werden.

Die Kultur, also die Kunst, die Religion und eine Wissenschaft, die der Wahrheit und dem Menschlichen dient und nicht vordergründig irgendwelchen persönlichen oder wirtschaftlichen Interessen, sie ist der Garant für eine gesunde und fortschrittliche Gesellschaft.

Wird an der Kultur gespart, sinkt dadurch auch das seelisch-geistige Niveau eines Gemeinwesens. Man täuscht sich gewaltig, wenn man meint, Kino, Sportereignisse, Medienkultur und Massen-Events würden dieses Niveau und Kunstbedürfnis längerfristig gesehen aufrecht erhalten können. Eine hohe Kunst, wie sie von den großen Meistern der Musik, der Malerei, der Dichtung und so weiter ausging und ausgehen kann, schafft eine Aura, zum Beispiel in einer Stadt oder Gesellschaft, die vor niederen Attacken schützt, sei es von Außen in den geschichtlichen Angriffen auf das christliche Europa, zum Beispiel durch die Hunnen oder Osmanen, aber auch von Innen durch ein kriminelles

Milieu und einer Verflachung und Banalisierung der kulturellen Angebote, wo meist nur noch ökonomische und konsumierende Interessen bestimmend sind. Wenn das seelisch-geistige Niveau einer Gesellschaft sinkt, dann braucht es allerdings vermehrt an Jugend- und Sozialarbeit und pädagogischer Führung, um die Heranwachsenden von all dem „Mist" schützen zu können, den eine niedergehende Kultur so mit sich bringt.

In Bildung und Jugendarbeit, anstatt in Kunst zu investieren, ist kontraproduktiv und sollte nicht gegeneinander ausgespielt werden. Oder wollen wir wirklich in einer Welt leben, in der die Kinder und Heranwachsenden in Kindergrippen und Horten, in Ganztagesschulen, in Jugendeinrichtungen und so weiter „weggesperrt" sind, die Eltern nur noch dem Diktat der Wirtschaft folgen und die Kultur nur als Freizeitvergnügen, als Unterhaltung in den Medien oder als Genussfaktor betrachtet wird?

Die Elternliebe ist durch keine pädagogische Fachkraft zu ersetzen. Und dass der Wohlstand nur mit noch mehr Arbeit, noch mehr Leistung, noch mehr Technik, noch mehr Konkurrenz und Wettbewerb aufrecht erhalten werden kann, ist eine große Illusion. Unser Kapital ist der kreative und schöpferische Mensch, diesen sollten wir fördern und ausbilden.

Sicherlich trägt auch die momentane Kunstszene mit dazu bei, dass ihr Stellenwert in der Bevölkerung gesunken ist. Wenn zum Beispiel das Regietheater oftmals nur noch damit beschäftigt ist, große Kunstwerke auf das persönliche Niveau eines Regisseurs herabzuwürgen, wenn zu viel in den „Dreck" aus Sex, Sprachverfall und Gewalt gezogen wird oder nur noch üble Zeitphänomene dargestellt werden und nicht mehr das, was die Seelen bereichert und fördert, so braucht man sich nicht zu wundern, denn alles hängt ja mit allem zusammen.

Im Übrigen machte das Theater Freiburg unter der Leitung von Frau Mundel eine vorbildliche Jugend- und Bildungsarbeit und vermehrt eine Kommunikation mit der Bevölkerung auch außerhalb vom Theater selbst.

Gerade die Kunst, das Schauspiel und das öffentliche Wirken ist immens menschenbildend. Wie schon Friedrich Schiller sagte: Der Mensch ist nur dann ganz Mensch, wenn er spielt. Der Bereich der Kunst ist der Ort, wo dieser spielende, dieser kreative Mensch sich am besten ausbilden und entwickeln kann. Wer also an der Kunst sparen will, der hat sich schon dem Diktat der Ökonomie ausgeliefert, er hat schon den spielenden Menschen in sich verloren.

Eine hohe Kultur strebt nach dem Geist, nach einem hohen, geistigen Niveau. Ist der Geist lebendig in einer Gesellschaft, so wird die Ökonomie darin eine dienende Rolle einnehmen. Wird die Gesellschaft dagegen nur noch unter finanziellen und ökonomischen Gesichtspunkten geregelt, hat sie ihren guten Geist bereits verloren. Dann stehen die Türen offen für die niederen Kräfte. Im Wirtschaftsleben und manchmal auch schon in der Politik machen sich vermehrt Habgier, Macht- und Ruhmgelüste breit, die gesamtgesellschaftlich allen schaden können.

Eine Bildung, in der den Heranwachsenden immer früher nur noch mehr Verstandeswissen, mehr „Stoff", mehr „Kopf" aufgebrummt wird und das auch noch vor dem Computer, trägt sicher nicht zur Lösung unserer heutigen Probleme bei. Die Bildung des Menschen sollte ganzheitlich erfolgen, wie dies zum Beispiel das humboldtsche Bildungsideal noch vorsieht und nicht von irgendwelchen Studien, wie der Pisa-Studie, die von der OECD, einer Wirtschaftsorganisation, durchgeführt wurde, wo also wirtschaftliche und politische Interessen das Bildungsleben beeinflussen und gleichschalten wollen, um brauchbare, nützliche Kandidaten für den globalen Wirtschaftswettbewerb kriegen zu können.

Erziehung und Menschenbildung sind selbst eine Kunst. Wie können Lehrer und Erzieher diese bewerkstelligen, wenn sie nicht selbst ein Stück weit auch Künstler sind?

In der Wirtschaft zeigen sich heute vermehrt die niederen Kräfte wie die Habsucht, das Konkurrenzverhalten, der Leistungsdruck, die Ausbeutung und leider immer weniger ein soziales Gewissen. So darf die Kultur beziehungsweise das freie Geistesleben wie auch das Bildungswesen auf keinen Fall von der Wirtschaft manipuliert und beeinflusst werden. Die Kultur muss frei sein, sie muss den Menschen bilden, damit er in sich Werte finden kann, die ihn ganzer, lebendiger und erfüllter machen können.

Eine hohe Kultur bietet die beste Bildung und Erziehung für die Heranwachsenden, denn darin können sie zu gesunden Menschen heranreifen. Dienen wir der Kultur, die nach inneren Werten und menschlichen Tugenden strebt, so dienen wir einem gesunden und menschenwürdigen Leben, denn dann kann sie alle anderen Bereiche des gesellschaftlichen Lebens, die Politik, die Wirtschaft bis hinein in die Familien und die Arbeitsplätze inspirieren und befruchten. Eine Investition in die Kultur ist immer auch eine Zukunftsinvestition, das sollten wir doch bedenken.

Was ist die Wirklichkeit?

Für die meisten Zeitgenossen ist die Wirklichkeit das, was sie sehen, hören, schmecken, riechen und tasten können, also das, was durch die Sinne an Erscheinungen an uns herandringt. Die Frage, wer die Wirklichkeit macht, aus was sie geworden ist, wer sie bewirkt hat, bleibt dabei unbeantwortet.

Es gibt andererseits Kulturen, wie die alten vedischen und buddhistischen Geistes-Strömungen, die alle äußeren Erscheinungen als Maja, als Illusion betrachten, weil das Äußere nur etwas Gewirktes, etwas Gewordenes ist, das wirkende Prinzip ist darin nicht mehr enthalten beziehungsweise ist dieses nicht mit den Sinnen wahrzunehmen. So haben wir es hier zunächst einmal mit einer Polarität zu tun, nämlich mit dem Wirkenden und dem Gewirkten oder dem Gewordenen. Ist dies jedoch schon die ganze Realität, ist das Gewordene und das Wirkende, das die Gegenständlichkeit bewirkt, denn schon alles?

Um diese Frage lösen zu können, wird es zunächst notwendig sein, die Erfahrung, die uns die Lebens-Wirklichkeit bietet, etwas genauer zu beleuchten. Die Wahrnehmung der Wirklichkeit kann sich in zweierlei Weisen ereignen, nämlich als äußere Erfahrungen, als Umwelteindrücke, die durch die Sinne wahrgenommen werden und zweitens als die innere Wirklichkeit in den Gedanken, Gefühlen, Wünschen, Sehnsüchten, Begehrungen und Begrenzungen, die jeder Mensch nun einmal hat. So lässt sich eine innere und eine äußere Wirklichkeit finden, wobei die äußere Wirklichkeit in Korrespondenz, in einer Beziehung beziehungsweise in einem Resonanzgesetz zur inneren Wirklichkeit steht. Hier lässt sich dann die Frage aufwerfen, wer nun was bewirkt? Bewirkt die innere Wirklichkeit das Äußere oder sind wir Menschen durch das Äußere, durch die Umwelt geprägt, bestimmt und damit gewirkt?

Karl Marx sprach vom Sein, das das Bewusstsein bestimmt. Wie weit bestimmt mich demzufolge die Welt oder wie weit bewirke ich die Welt mit? Dies ist in heutiger Zeit eine sehr wichtige Frage auf dem Weg zu einer Selbstbestimmung des Menschen.

Wie weit bin ich Werk, Gewordenes und wie weit Wirker, Bewirker meines Lebens?

Dies wird mit zunehmendem Alter und zunehmender Reife immer wichtiger. Der Streit zwischen philosophischen, politischen und weltanschaulichen Strömungen um die Frage nach dem Sein oder dem Bewusstsein, das die eigene Welt bestimmt, lässt sich nur dadurch auflösen, in dem beide Komponenten als gültig und bestimmend angesehen werden. Als Kind wird man normalerweise mehr vom Außen, vom Sein bestimmt und geprägt, als Erwachsener sollte man diese Prägungen immer mehr erweitern und teilweise sogar überwinden, wenn sie die persönliche und freie Entwicklung einschränken. Dann wird es immer wichtiger werden, das schöpferische Potential, das jeder Mensch als geistige Potenz in sich hat, zu entwickeln, zu fördern und damit sein individuelles Leben selbstbestimmt zu gestalten.

So gilt es bei der Frage nach der Wirklichkeit vier Komponenten zusammen zu bringen, nämlich das Innen und das Außen, sowie das Wirkende und das Gewirkte.

Das Gewordene, die Welt, sie hat einen Einfluss auf das Innen, auf die Persönlichkeit und den Charakter. Das Innen, die Gefühle und die Gedanken, sie bestimmen das Sein und Werden in der Gegenwart für die weitere Zukunft. Gedanken und Gefühle sind wirkende Kräfte, wie natürlich auch das menschliche Wollen. Das Außen wird so allmählich zu einem Spiegel des Inneren; vielleicht nicht mehr des jetzigen Lebens, denn dieses wurde ja von unseren früheren Impulsen und Einstellungen mitentworfen, meistens gar nicht mal bewusst. Trotzdem ist unser Hier und Heute das Resultat eines vergangenen Lebens, also unserer früheren Einstellungen und Handlungen. Diese Wirkungsweise ist ausgedrückt im karmischen Gesetz von der Ursache und der Wirkung beziehungsweise in dem Christus-Wort: Was du säst, wirst du ernten.

Die Realität im Innen und Außen ist somit das Gewirkte, das Gewordene, so wie Ich und Welt geworden sind. Die wirkende Realität im Inneren ist durch das Denken, durch Gefühle, durch Ideen und Ideale, die der Mensch verwirklichen will, gegeben. Die wirkende Realität für das Äußere wird durch unsere Handlungen impulsiert, die nach inneren Beweggründen (Emotionen, Motiven, Gesetzen, Prinzipien, Erkenntnissen und Entschlüssen) durchgeführt werden beziehungsweise in früheren Zeiten durchgeführt worden sind und nun im Heute, zum Beispiel als wirkendes Schicksal oder als gewordene Welt auftreten. An der natürlich gewordenen Erde, an Pflanzen, Mineralien, Tieren, Bergen und Meeren wirken zudem noch vielfältige andere Wesen mit, auf die hier nicht eingegangen werden kann.

Damit ist hier ausgesagt, dass die Wirklichkeit auf verschiedenen Seins-Ebenen auftreten und dort auch wahrgenommen werden kann. Mein subjektiv-persönlicher Standpunkt, ob mir die Erfahrung gefällt oder auch nicht beziehungsweise ob ich mich als Opfer oder Macher dieser Erfahrung betrachte, enthüllt mir jedoch noch nicht das Ganze der Wirklichkeit. Dazu muss ich verschiedene, dann auch größere und erweiterte Standpunkte beziehungsweise Betrachtungsebenen einnehmen können, die wir mit unserem herkömmlichen, gegenständlichen Bewusstsein noch wenig oder gar nicht genügend erschlossen haben. Erst allmählich wird mit einer Vergrößerung unseres Blickwinkels eine Erkenntnis der Wirklichkeit möglich, die das Gewordene und das wirkende Prinzip umfassen kann. Diese Standpunkte sind, jeder für sich allein genommen, auch nur wiederum Teilaspekte der ganzen Wirklichkeit. Man kann sich aber schulen, die verschiedenen Seinsebenen in seinen persönlichen Gesichtskreis aufzunehmen, um ein umfassenderes Verständnis des Seins gewinnen zu können. Dies will ich im Folgenden in kurzen Betrachtungen erläutern.

Zwölf Weltanschauungen lassen sich auf diesem Wege finden, die erst in ihrem Zusammenklang die Ganzheit der Welt wiederspiegeln. Die Ganzheit besteht aus dem Wirkenden, aus dem Gewirkten, also der Vielfalt der Erscheinungen und der Einheit, die allem zugrunde liegt. Erst im Ganzen, in der Einheit von allem, erkenne ich als Mensch die Wahrheit des Seins. Nichts braucht dabei ausgeklammert zu werden, als Maya oder Illusion, denn alles hat seinen berechtigten Anteil an der umfassenden Wahrheit, die in allem enthalten ist. Nur darf man dabei nicht den Fehler machen, den Teilaspekt schon als Ganzes, als Wahrheit zu betrachten. Denn dann befindet man sich meist im Irrtümlichen. Beziehe ich zum Beispiel physikalische Gesetze, die in der Materie wirken, auch auf seelische oder geistige Phänomene, so werde ich damit diesen Ebenen nicht gerecht.

Als Erkennender muss ich mir zuerst eine gewisse Urteilsfähigkeit aneignen, um eine Wahrnehmung, eine Erscheinung des Lebens so anschauen zu lernen, damit ich feststellen kann, auf welcher Ebene ich mich bewusstseinsmäßig befinde beziehungsweise welchen Standpunkt des Seins ich zu wählen habe, um dieser Wahrnehmung oder Erscheinung besser gerecht werden zu können.

Dazu gibt es eine alte indiche Anektode: Einige Blinde berühren einen Elefanten, der eine das Bein, ein anderer den Rüssel, wieder ein anderer das Ohr, den Bauch und so weiter. Jeder beschreibt sein Teil sehr genau, aber keiner erkennt das Ganze, eben den Elefanten.

So ist es mit vielen Dingen, gerade auch in den naturwissenschaftlichen Erkenntnissen. Daher versuche man die Vielfalt der Erscheinungen zu ergründen, in dem man sich der verschiedenen Standpunkte bewusst wird, die wir einnehmen können und müssen, wenn wir das Ganze, das Große und Umfassende der Welt erkennen wollen.

Ich beginne mit der uns vertrautesten Ebene, der materiellen Ebene. Sie ist uns, wie gesagt, als Sinneswahrnehmung vorgegeben. Das Gewirkte, das Gewordene, die Erscheinung, sie wird als Wahrnehmung aufgenommen und durch das Denken mit einem Begriff erfasst, benannt und dann auch erkannt. Dadurch entstehen Wahrnehmungsurteile, die die Welt beschreiben: „Dies ist ein Baum, ein Haus und so weiter". Somit können wir zu einer Erscheinung immer den passenden Begriff finden und uns damit miteinander über die Welt verständigen. Über die inneren Gesetzmäßigkeiten bestimmter Erscheinungen kann auf dieser Ebene jedoch noch nichts ausgesagt werden.

Dazu müssen wir einen erweiterten Standpunkt, eine neue Ebene einnehmen: die sogenannte mathematische Ebene. Sie sucht die Gesetzmäßigkeit einer Erscheinung beziehungsweise eines Ausdrucks. In allem waltet ein Gesetz, zum Beispiel das der Schwerkraft, der Anziehung oder Abstoßung, des Wachsens und Welkens, des Auf- und Abbaus, der Ursache und Wirkung und so weiter. Die mathematische Ebene begnügt sich nicht mit der Wahrnehmung und der Benennung einer Erscheinung. Sie sucht darin das wirkende Prinzip beziehungsweise die Gesetzmäßigkeit, die darin waltet. Diese wird nicht in der Wahrnehmung, sondern durch das Denken gefunden. So kann zum Beispiel die Summe der Winkel eines Dreiecks allein durch das Denken, also ohne ein Messen und Zählen, gefunden werden. Alle Sternenbewegungen am Himmel lassen sich berechnen; sie folgen einer Gesetzmäßigkeit. Doch dies ist auch noch nicht das Ganze, denn das wirkende Prinzip ist damit noch nicht erfasst. Aber ohne diese Gesetzmäßigkeiten verstehen zu können, blieben wir in natürlicher Einfalt stehen und könnten uns mit unserer Bewusstseinslage nicht vom Gewirkten, vom Seienden zum Bewirker und Mitschöpfer des Natürlichen und des Technischen hinentwickeln.

Natürlich gibt es einfache Naturvölker, die in einem kindlich-magisch-mythischen Bewusstsein noch mehr erfassen von den Ebenen und Wesen, die hinter den natürlichen Erscheinungen prägend und schaffend wirken. Doch der Mensch unserer Zivilisation hat den Weg des Erkennens mittels des Denkens beschritten und muss ihn konsequenterweise auch zu Ende führen, denn dieses Ende ist noch lange nicht erreicht. Unsere ganze Zivilisation beruht ja gerade auf der Fähigkeit des mathematischen Denkens beziehungsweise des gesetzmäßigen Verstehens der

Welt. Um aber die einwohnende Idee, um das darin wirkende Prinzip verstehen zu können und nicht nur die Art und Weise beziehungsweise die Gesetzmäßigkeit ihrer Erscheinung, muss eine weitere Ebene hinzugenommen werden, das ist die sogenannte realistische Ebene.

Die Ebene des Realismus erkennt den Gattungsbegriff als seiend an. Gilt nur das Ding an sich, wie bei den Nominalisten oder ist der übergeordnete Begriff eines Dinges existent, ist also der Begriff des Tisches, der für alle Tische gültig ist und diesen übergeordnet ist, eine eigene Realität, die nicht physischer, sondern geistiger Natur ist?

Die Ebene, die hinter oder über den einzelnen Dingen und Erscheinungen eine weitere Wirklichkeit als Prinzip annimmt, das als übergeordnetes und verbindendes Gesetz im Gattungsbegriff waltet, zeichnet den Realismus aus. So gilt der Begriff Tisch für alle manifesten Tische. Der Tisch als Gattungsbegriff umfasst die Idee und die Gesetzmäßigkeit beziehungsweise den Sinn, der sich nicht unbedingt im Physischen sinnlich sichtbar aufzeigen lässt, sondern der sich erst im denkerischen Erfassen und Erkennen äußert. Diese Begriffsebene achtet der Realist ebenso wie die Realität einer natürlichen und sinnlichen Erscheinung.

Der Gattungsbegriff ist nicht sinnlicher, sondern er ist geistiger Natur und kann durch das Denken wahrgenommen werden. Ein Begriffsurteil bildet sich daraus, wie zum Beispiel: Gerechtigkeit erzeugt Frieden. Wir werden auf dieser Ebene fähig, die Begriffe, die nicht sinnlich wahrnehmbar sind, als seiend zu betrachten, da sie verbinden und impulsieren können und die manifeste Welt geistig durchdringen.

Wollen wir aber in die Dinge, in das Wesen einer Erscheinung eintreten, im Äußeren wie im eigenen Inneren, darf die psychische Ebene, das Seelenhafte nicht vergessen werden, sonst bestünde die Gefahr, in der Welt der Begriffe das Lebendige und Beseelte zu negieren.

Die psychische Ebene verweist uns auf die innere Wirklichkeit. Diese wird zunächst erlebt als Reaktion auf die Außen- und Innenwelt. Körperbedürfnisse lösen das Verlangen und Begehren der Seele nach Befriedigung aus. Äußere Erscheinungen erwecken in uns Lust und Unlust, Freude und Trauer und so weiter. Empfindungen der Seele sind Reaktionen auf die Eindrücke, die uns von Außen oder aus dem Leiblichen zukommen. So bleiben wir von der Außenwelt geprägt beziehungsweise bestimmt. Erst, wenn wir die Fähigkeit entwickeln, eigene Gefühle zu schaffen und diese zum Beispiel aus einem Motiv oder Ideal heraus selber erzeugen und setzen, werden wir zum Wirker, zum aktiv Schaffenden im Seelenleben. Wir lenken somit unser Seelenleben, ja, wir können es verwandeln und veredeln, wenn wir uns zu eigenen Gefühlen hinerziehen. Diese Selbsterziehung wird gespeist durch Ideale und Ziele, die wir für unser Leben selber wählen.

Die idealistische Ebene sieht in allem, auch in den unglücklichsten Begebenheiten eine einwohnende Idee. Die Ideenwelt als wirkende Realität kann im Seelischen und Geistigen erlebt werden, denn die Idee bewirkt den Impuls zu einer Umsetzung beziehungsweise zur Manifestation im Physischen, wenn wir uns mit ihr seelisch und geistig verbinden können, wenn also die Idee mit dem Herzen aufgenommen wird. Für die Idealisten, wie zum Beispiel Platon einer war, ist die Sphäre der Ideen das wirkende Prinzip, die wirkende Wirklichkeit hinter allen Erscheinungen. So dürfen wir uns an den Ideen ausrichten; die Gefühle und Taten dürfen ihnen folgen.

Erkenne ich eine Idee für mich als wahr und notwendig an und versuche ich, diese Idee zu verwirklichen, sie mit dem Konkreten zu verbinden, so erlebe ich mich darin als freien und sich selbstbestimmenden Menschen. Doch meist hat man viele Ideen, mit deren Verwirklichung sind jedoch öfters zahlreiche Hindernisse und Schwierigkeiten verbunden, die noch weitere Ebenen und Mittel erfordern, damit man wahrhaftig bleibt und nicht irgendwelchen illusionären Ideen oder Wunschträumen nachrennt.

So braucht es für ein ganzheitliches Verständnis einer Sache noch die phänomenologische Ebene, wo es auf eine objektive und ganzheitliche Beschreibung bestimmter Wahrnehmungsinhalte ankommt. Diese Inhalte können äußerer Natur sein, wie bei Pflanzen-, Tier-, Wetter- oder Menschenstudien oder auch innerer Natur, wobei innerseelische Phänomene „nachgezeichnet" beziehungsweise beobachtet werden. Dabei können die wirkenden Kräfte im Seelischen, wie das Denken, Fühlen und Wollen, von uns selbst beobachtet werden, wie auch das Gewirkte, das Gewordene im Seelenleben, meine Reaktionen, meine Emotionen, meine Neigungen, meine Gewohnheiten, mein Temperament und mein Charakter. Eine beschreibende Wahrnehmung der Prozessualität von Erscheinungen, im Innen wie im Außen, schafft Abstand, Objektivität und fördert das anschauende, achtsame und lebendige Denken. Nur darf man hier nicht in einem abstrakten und kalten Analysieren und Urteilen stehen bleiben. Wir müssen uns in das Gegenüber, in die Erscheinung, in die Wahrnehmung einleben können, eintauchen, einfühlen und doch dabei eine anschauende Urteilskraft bewahren.

Organisch Denken, Fühlen und Wollen lernen, dazu rufen die verschiedensten Phänomene der Welt auf. Das organisch-phänomenologische Denken überwindet den kalten, abstrakten, zerteilenden und analysierenden Intellektualismus. Der ganze Mensch soll wahrnehmen und erkennen, nicht nur der Kopf. Ein lebendiges Denken, Fühlen und Wollen darf erlernt werden. Das kann am Besten in der natürlichen Welt geschehen. Im sogenannten Goetheanismus ist dieser phänomenologische Ansatz zu einer wunderbaren Blüte gebracht.

Doch um damit ganz auf die Erde kommen zu können, um bodenständig zu werden, braucht es auch eine rationalistische Ebene, die nach der Nützlichkeit, nach dem Zweck fragt. Was bringt mir eine Erscheinung, zu was fordert sie mich auf? Ein nüchternes und sachliches Abwägen ist verlangt, um auch innerseelische Phänomene beurteilen und bewerten zu können. Manches, was einem nichts mehr bringt, ist dann am Besten zu lassen. Zu viel und zu starkes emotionales Treiben kann dadurch abgemildert oder gestoppt werden. Auch ein euphorischer oder phantastischer Idealismus darf auf der rationalen Ebene geprüft und dann auch korrigiert werden. Der gesunde Menschenverstand, die Vernunft hat somit immer ein Wörtchen mitzureden. Doch die nüchterne Ratio sollte nicht immer das letzte Wort haben, denn es gibt Ebenen, in die die Rationalität nicht einzudringen vermag und die erst die letzten Hintergründe und Ursachen preisgeben.

Die spirituelle Ebene sucht nach dem inneren Gehalt eines Seins, einer Wirklichkeit, sei es ein Ding, ein Gedanke, ein Gefühl, eine Idee oder eine irdische Begebenheit. Nichts ist wertlos, nichts geschieht ohne Sinn. Alles hat seinen Wert und seinen Wirkgehalt. Diesen gilt es zu erkennen. Warum passiert mir dies, wozu ist es gut?

Die spirituelle Ebene fragt nach dem Warum, Wozu, Wohin, sie fragt nach dem Sinn. Dieser ist nicht mehr im Physischen, aber auch nicht mehr im Seelischen allein zu finden. Was habe ich zu lernen aus diesem oder jenem Ereignis? Wo ist die Ursache für eine bestimmte Erfahrung und was kann ich daraus für die Zukunft lernen? Und wie habe ich mich zu ändern, damit ich gesund und im Menschlichen vollkommener werden kann?

Durch die Sinnsuche ereignet sich ein innerer Prozess im Seelenleben, der uns auf eine neue Ebene bringen kann.

Die pneumatische Ebene strebt an die Kommunikation mit dem Geist, mit der Idee beziehungsweise mit dem Wesen einer Sache, eines Gefühls oder einer Erscheinung. Wo kommt die Idee her? Von welchem Wesen geht sie aus?

Mit diesen Fragen berührt die Seele das Geistige, die geistige Welt, die Welt der wirkenden Wirklichkeit. Hier erst finden wir die tiefen und wahren Antworten für unsere Probleme und Aufgaben, die uns das Leben stellt. Um diese Wirkenskräfte aber auch wahrnehmen zu können, braucht es eine weitere Ebene, die sensualistische Ebene.

Die Wahrnehmungsseite der Welt ist uns im Äußeren durch die fünf Sinne vorgegeben. Die inneren Welten, die Welt des Seelischen, des Geistigen und des Übergeistigen, ja, dafür braucht man weitere Sinne, eine Erweiterung der Sinne, wie auch für die untersinnlichen Bereiche der Elektrizität, des Magnetismus und der Atomkraft, die mit den äußeren Sinnen ebenfalls nicht wahrzunehmen sind.

Innere Sinne bilden eine Art Gegenpol zu den äußeren Sinnen. Mit diesen inneren Sinnen, die auf dem Wege einer Erweiterung der bekannten fünf Sinne, hin zu den zwölf Sinnen vorbereitet werden, kann sich ein inneres Sehen, Hören, Tasten, Schmecken und Riechen ausbilden. Jedoch muss das nicht auf Kosten der äußeren Sinne geschehen, sondern eher durch eine Verfeinerung und Veredelung aller Sinne, von den mehr leiblichen Sinnen über die seelischen Sinne bis hin zu den geistigen Sinnen. Die zwölf Sinne sind - erstens die vier leiblichen: Tast-, Lebens-, Bewegungs- und Gleichgewichtssinn, zweitens die vier seelischen: Geruch-, Geschmack-, Seh- und Wärmesinn und drittens die mehr geistigen: Hör-, Sprech-, Denk- und Ich-Sinn. Sie haben eine Beziehung zu den zwölf Weltanschauungen, diese wiederum zu den Tierkreiskräften, die alles Sein bis hinein in die Materie durchziehen. Dies kann hier jedoch nur angedeutet werden.

Nicht nur das Leben und Erleben im Denken, Fühlen und Wollen ist zu schulen, sondern auch das des Wahrnehmens, des Beobachtens, des Zuhörens, der achtsamen Präsenz und des stillen, selbstlosen Lauschens und Schauens.

In diesem Stillesein, in den erweiterten Wahrnehmungen, die sich darin ereignen können, wird allmählich eine weitere Ebene aufgetan beziehungsweise bemerkt, nämlich die Ebene des Dynamismus, wo erlebt wird, dass alles in Bewegung ist, in ständiger Veränderung, im Fluss – „panda rei".

Alles fließt hier zusammen, das Innen und Außen, das Oben und Unten, das Gewirkte und Wirkende. Alles ist mit allem verbunden. Die dynamische Ebene lässt den Menschen sich selbst als übergeordnetes, zeitloses und mit allem verbundenes Wesen erahnen und erkennen.

Fließen wir in diesem Strom dahin und erleben wir darin, dass es etwas gibt, das in allem Fließenden, in allem Sein enthalten ist, das immer da ist und doch alles in seiner Einzigartigkeit und Verschiedenheit belassen kann, so haben wir schließlich die monadische Ebene errungen beziehungsweise erspürt.

Die Einheit in allem sehen lernen, das übergeordnete Sein, in dem alles gründet, das alles verbindet, von dem alles umfasst wird und das in allem enthalten ist, ist ein Ziel und zugleich der Weg, der alle Menschen und alle Kreatur miteinander verbinden kann.

Im erlebten Monadismus, auch wenn dies nur anfänglich geschieht, kann es keinen Streit mehr geben zwischen verschiedenen Ideologien und Weltanschauungen, denn hier erlebt sich jeder Mensch, unabhängig von seiner Abstammung, seiner Religion oder seinem Geschlecht als ebenbürtig, als geachtet, als frei, als freude- und liebevoll mit jedem Menschen als Bruder und Schwester in dieser Einheit verbunden.

Hier ist die Wurzel und die Kraft für den Frieden und die Liebe in der Welt. Hier urständet die Wirklichkeit, von der alles ausgeht und zu der alles wieder zurückkehren will. Denn Trennung schafft Leiden, schafft Eigenheit und Isolation. Doch in Wahrheit sind wir niemals getrennt vom Ganzen. Nur die Standpunkte, die man einnehmen kann und von denen aus man die Welt betrachtet, lassen uns diese Getrenntheit erleben. Die meist sehr persönlich geprägten Standpunkte gilt es daher immer wieder erweitern und erhöhen zu lernen. Mit unserer Klugheit und Gescheitheit, die wir in vielen irdischen Dingen errungen haben, sind wir noch lange nicht am Ende. Dies kann aus den vorliegenden Betrachtungen einsichtig werden, denn nur der Mensch, der strebend und lernend sich entwickelt, erfährt auch die Gnade, dass sich ihm weitere und höhere Ebenen des Seins erschließen, die ihn zufriedener und ganzer, das heißt, vollkommener machen können.

Als Ergänzung führe ich hier noch eine Zuordnung an, damit der interessierte Leser die Weltanschauungen mit den Sinnen und den Tierkreiszeichen zusammenbringen kann:

Materialismus – Krebs – Hörsinn; Mathematismus – Zwillinge – Gedankensinn; Realismus – Waage – Geschmackssinn; Psychismus – Skorpion – Geruchsinn; Idealismus – Widder – Ich-Sinn; Phänomenalismus – Jungfrau – Sehsinn; Rationalismus – Stier – Wortsinn; Spiritualismus – Steinbock - Bewegungssinn; Pneumatismus – Wassermann – Lebenssinn; Sensualismus – Löwe – Wärmesinn; Dynamismus – Schütze - Gleichgewichtsinn, Monadismus – Fische – Tastsinn.

Die Zukunft der sozialen und gesellschaftlichen Werte

Seit Menschengedenken werden bestimmte Minderheiten oder manchmal sogar ganze Völker von machtbesessenen Tyrannen, Eroberern und heute vermehrt von geldgierigen Wirtschafts- und Finanzmogulen unterdrückt, beherrscht und ausgebeutet. Dies betrifft vor allem einfach lebende und naturverbundene Stämme der indigenen Bevölkerung und ältere, zum Spirituellen ausgerichtete Kulturen. Die indigenen Völker stellen jedoch unser globales und soziales Gewissen dar, von denen die Zukunft der gesamten Menschheit abhängen wird.

Noch bis heute ist zum Beispiel die Ausbeutung, Dezimierung und gewaltsame Eroberung der indianischen Völker in Amerika nicht richtig aufgearbeitet beziehungsweise nicht wieder gutgemacht worden. Immer noch wird heiliges Land der Indianer, zum Beispiel alte Kultstätten der Hopis, für die Ausbeutung von Rohstoffen zerstört. Das hat Folgen für den ganzen Kontinent, was zum Beispiel das Klima und das allgemeine Wohl einer Nation betrifft.

An vielen anderen Orten herrschen auch heute noch Unterdrückung und politische Willkür durch despotische Machthaber. Sind aber die falschen Führer an der Macht, muss das Land verwüsten, das ist ein geistiges Gesetz und damit nur eine Frage der Zeit, bis dies bemerkbar wird.

Auch dürfen wir die Unterdrückung der tibetischen Kultur durch die chinesischen Machthaber nicht vergessen, wo die Welt scheinbar ohnmächtig zuschaut, wie eine alte Hochkultur im eigenen Land zerstört wird, ganz zu schweigen von den immensen Umweltbeeinträchtigungen, die dort verursacht werden.

Ohne Hilfen und Schutzmaßnahmen, zum Beispiel durch die UNO in einer weltweiten Garantie für allgemeinen Menschenrechte wie auch für den Schutz der Erde, wodurch die indigenen Völker ihre Kultur und Lebensweise in ihrer Heimat pflegen und bewahren können, wird es keine gesunde Zukunft für die menschliche Welt geben.

Der technisch-expandierende, erobernde und ausbeutende Moloch zerstört erst alles Heilige und Natürliche, alles, was noch das göttliche Leben pflegt und bewahrt. Doch er macht letztlich vor nichts mehr Halt, bis er alles Lebendige zugrunde gerichtet hat.

Sicherlich wirken in solchen Machtgebaren, wie zum Beispiel bei uns in Europa, etwa im Dritten Reich, dunkle, dämonische Kräfte mit, die sich jedoch nur anhaften beziehungsweise wirken können, wenn irgendwo Mängel und Unvollkommenheiten vorhanden sind, das heißt mit anderen Worten, wenn der geistige Schutz einer Kultur nicht mehr ausreichend ist, um diesen dunklen Widersacherkräften genügend Lichtvolles entgegenstellen zu können. Solche Angriffe musste das christliche Europa immer wieder erfahren, als die Hunnen, Osmanen oder Sarazenen einbrachen. Doch das Christentum war im Mittelalter immer noch stärker gewesen, nicht physisch oder militärisch, aber in seiner geistigen Kraft. Im dritten Reich war diese spirituelle und moralische Substanz nicht mehr genügend stark. Das „Lotterleben" der zwanziger Jahre, der andauernde latente Antisemitismus und das nationalistische, militante Denken und Fühlen in der Bevölkerung machten es erst möglich, dass sich die dunklen Mächte in Mittel-Europa festsetzen konnten. Auch wurden die reformerischen und spirituellen Impulse, die zu Beginn des 20. Jahrhunderts in Mitteleuropa durch die Anregungen aus der Anthroposophie, aus den Wander- und Jugendbewegungen und aus den Erneuerungen in der Kunst, in Baustilen und in freiheitlichen Lebenseinstellungen, in der Psychologie und Philosophie und anderem, nicht von genügend vielen Menschen wirklich aufgenommen, so dass diese Impulse in ihr Gegenteil verkehrt werden konnten. Die Dunkelmächte können nämlich auch nur mit dem arbeiten, was von den guten Göttern vorgegeben ist, nur drehen sie es zu ihren Gunsten um.

In der okkulten Wissenschaft stehen die sogenannten ahrimanischen oder satanischen Mächte und Wesenheiten hinter dem Geld- und Machtwahn, sowie der Lüge und der kalten Intelligenz. Sie wollen heute durch die künstliche Intelligenz, durch die Computerwelten und den technologischen Fortschritt die ganze Welt beherrschen. Die Erde soll ihr ausschließliches Reich werden. Die natürliche Schöpfung wird daher zurückgedrängt und zerstört. Nur die kalte, mineralische, die unbeseelte, automatenhaft-mechanische Welt ist das Reich Ahrimans. Darin wird die ganze Welt als biologisch und chemisch-physikalisch gesteuerter Mechanismus betrachtet, bei dem es keinen Platz mehr gibt für das individuelle, geistige Wesen des Menschen.

Die luziferischen oder teuflischen Wesenheiten verblenden eher durch Ideologien, die dem Menschen zum Beispiel eine Einheit und Stärke für alle in einer Gruppe oder Gemeinschaft versprechen, wie die sektiererischen, patriotischen, nationalistischen und rassistischen Gedankentürme es tun, die jedoch meist die Freiheit und damit die Würde des Einzelnen in seiner Selbstbestimmtheit und individuellen Einmaligkeit untergraben und negieren. Sie binden die Menschen an alte Gruppen-seelenverbände, in denen der Einzelne beziehungsweise die Individuali-tät sich auflösen kann. Ein freies, sich selbst bestimmendes Ich wird damit negiert oder zumindest sehr stark behindert.

Die asurischen Mächte wollen schließlich nur noch zerstören. Sie säen Hass und Gewalt, sie treiben an zu Folter, Terror und Grausamkeiten gegen alles Lebendige. Jedoch auch hier muss etwas vorgegeben sein, an das sie mit ihren Energien andocken beziehungsweise anhaften kön-nen. Im Verhältnis Tibet – China möchte ich dies Gesagte hier etwas näher erläutern.

Die Asuras werden frei in der Menschheitsentwicklung durch schwarz-magische Praktiken oder auch durch die Kernspaltung. Immer dort, wo etwas zerstört, gespalten wird, können diese frei werden und angreifen. Das geht bis in zwischenmenschliche Beziehungen und Partnerschaften hinein.

Tibet und China haben beide eine sehr alte Kultur, wo sich der Buddhis-mus mit einer schamanischen Naturreligion verbunden hat beziehungs-weise sich der Taoismus entwickeln konnte. In Tibet hat man in früheren Zeiten viel mit magischen Ritualen und Praktiken versucht, Einfluss auf Geister, Dämonen und Naturgewalten zu bekommen. Auch im alten China war man Meister im Beeinflussen natürlicher Lebenszusammen-hänge, so wie dies heute noch in der traditionellen chinesischen Medizin oder im Feng Shui sichtbar ist. Das ist natürlich nicht ganz ungefähr-lich, einem Spiel mit dem Feuer gleich, wenn man sein Handwerk nicht wirklich beherrscht.

Die Auseinandersetzung mit dem Bösen als eine geistige Übung, ohne den Schutz und die Führung aus den himmlischen Welten, wird für den Menschen, längerfristig gesehen, nicht förderlich sein. Denn es werden sogenannte Tulpas oder Egregore erzeugt, die ein Eigenleben führen können, woran sich wiederum die Widersachermächte beteiligen oder anheften können.

Nun kann ein von Menschen erzeugter Egregor so stark anwachsen und mit der Zeit ein Eigenleben führen und zu einem Moloch werden, der auch kollektiv, durch gesellschaftliche Einseitigkeiten, durch falsche und ungerechte Gesetze, Lügen, Heucheleien und Unterdrückungen erzeugt werden kann.

Eine feudale Priesterkaste unterdrückte in vergangener Zeit in Tibet das eigene Volk und schirmte es ab vom Rest der Welt. Ein mächtiger „Moloch" kam in der Folge aus China heran und breitet sich seither in

Tibet vereinnahmend und sich mehr und mehr vergrößernd aus. Wie eine Spinne zieht dieser Moloch, der ein Spiegel ist für gewisse Einseitigkeiten und Falschheiten der Menschen, inzwischen jedoch weltweit in seinen Bann, versklavt viele Menschen, nicht nur in Tibet, sondern auch im eigenen Land. Ja, auch andere Länder sind wirtschaftlich gesehen inzwischen ziemlich abhängig geworden von chinesischen Produkten und Absatzmärkten, so dass sie gar nicht mehr gewillt sind, gegen die Menschenrechtsverletzungen in China vorzugehen. Chinesen sind eben auch wunderbare Nachahmer, sie spiegeln und zeigen dadurch auch, was in der Welt, zum Beispiel in einem geldgeilen, egozentrischen und machthungrigen Kapitalismus schief läuft.

Eine Hilfe kann sich gegenüber diesen Kräften und Wesen nur einstellen, wenn die Menschen sich auf ihre eigenen geistigen Wurzeln besinnen und eine Naturbeziehung herstellen, bei der man pflegend und nachhaltig mit den Lebensenergien und Ressourcen umgeht. Ein Dalai Lama hat erkannt, sicher erst nach vielen Leiden und Demütigungen, dass man nicht gegen das Böse, auch nicht gegen einen solchen Moloch ankämpfen kann, auch nicht damit spielen darf, sondern dass man sich auf das Gute besinnen muss.

Durch Mitgefühl und Liebe kann eine Art Schutzraum entstehen, in dem diese dunklen Mächte und Kräfte nicht mehr verweilen können. Will man dagegen ankämpfen, vermehrt man deren Kräfte noch. Wut, Hass und Rachegefühle binden enorme Vitalkräfte an sich, die man dem „Feind" zuschickt. Das ist ein okkultes Gesetz. Wir stärken ihn damit gerade noch in seiner Vitalität.

Die dunklen Mächte, sie dürfen nicht genährt, gemästet oder gepflegt werden, denn ohne die Energien, die wir durch unser Verhalten und unser Denken ihnen zuführen, müssen sie verkümmern. „Liebet das Böse gut", dieser Ausspruch aus dem manichäischen Christentum und das Mitgefühl der Buddhisten, sie können zusammenwirken und so im michaelischen Zeitalter, in dem wir heute leben und in dem der Erzengel Michael die Zeitenschicksale lenkt, eine geistige Hilfe anbieten. Ohne einen geistigen Beistand ist diesen Mächten nicht wirklich beizukommen. Christus kann auch die Feinde lieben. In einer Atmosphäre der Liebe können selbst asurische Geister sich nicht mehr halten.

Die Feinde lieben heißt aber nicht, dass wir ihre Taten gutheißen sollen. Segnen wir die Menschen und lieben das Gute in ihnen, das als spirituelle Potenz in jedem Menschen vorhanden ist, kommt auch etwas Licht zu ihnen. Wo das Licht hinleuchtet, muss die Dunkelheit weichen

beziehungsweise kann diese dadurch zumindest besser erkannt werden.
Das Licht schafft Bewusstheit und Erkenntnis, das heißt, wir sollen eben nicht mehr ankämpfen gegen das Böse oder in der Finsternis umherirren, jedoch, wir müssen sie erkennen. Das Licht macht sichtbar.

Wie wirkt nun China im Netz der globalen Welt? Es hat ja inzwischen eine sehr wichtige und mächtige Position darin eingenommen, die man nicht mehr übergehen kann. Wie andere aufstrebende „Billigländer" auch, stellt China eine Herausforderung für die westliche Gesellschaft beziehungsweise für die Wirtschaft dar, die zu überdenken ist.

Sicherlich sind vordergründig die Verlockungen von Billigprodukten für die Händler und Verbraucher so stark, dass zum Beispiel die USA als produzierendes Land ins Hintertreffen geraten ist. Man muss dazu nur die schwächelnde Autoindustrie in den USA betrachten. Die Wirtschaft der USA und anderswo lässt vermehrt in China produzieren, ist dadurch aber auch abhängiger geworden. Aus diesem Grund wird kaum etwas gesagt zur Menschenrechtslage in China; die dortigen Machthaber können tun und lassen was sie wollen. Was steckt dahinter, was können wir daraus lernen?

Nun, zunächst sind die Chinesen natürlich auch Nachahmer des „American Way of Live" geworden. Ein immenser Kapitalismus und Egoismus macht sich auch dort zunehmend breit. Damit halten diese sogenannten „Schwellen-Länder" uns aber auch einen Spiegel vor, sie machen den herkömmlichen Industrie-Nationen Konkurrenz und sind inzwischen in vielem noch besser als der Westen. Viel Fleiß und ein starker Wille erzeugen eine enorme Produktivkraft. Geistige Leistungen der Industrieländer werden einfach kopiert, die eigenen armen Menschen werden als Tagelöhner und billige Arbeitskräfte ausgebeutet, so dass Billigwaren viele Kaufhäuser überschwemmen. Diese bringen aber auch die eigenen gewachsenen sozialen Standards in Europa ins Wanken, wo sich über lange Zeiten hin ein Lebensgefühl herausbilden konnte, in dem die Würde des Einzelnen geachtet ist. In China hat sich ein solches Rechtsgefühl noch nicht gebildet; nur ein nachahmendes Denken und ein fleißiger, maßloser Wille, der von einem übergeordnetem Staat überwacht und gelenkt wird.

Doch besinnen sich auch in China immer mehr Menschen auf ihre geistigen Wurzeln und um eine kulturelle Identität. Darin liegt eine Hoffnung für dieses Land selbst. Eine staatlich verordnete Beschränkung auf materielle und weltliche Bedürfnisse wird sich auf Dauer gesehen nicht halten können.

Gerade in Europa soll sich geistesgeschichtlich gesehen das Rechts-
leben, also die Mittesphäre in einem sozialen Organismus und damit
Werte ausbilden, die das Soziale und die Würde des Menschen stärken.
Der Einzelne zählt in China noch nicht sehr viel, nur das Ganze, die
Gemeinschaft, das Volk, die Nation. Hier waltet noch eine luziferische
Ideologie der Gruppenseelenhaftigkeit; hinzu kommt ein ahrimanischer
Technikwahn, der alles machbar, ohne Rücksicht auf die Natur und die
Kultur, nach wirtschaftlichen und finanziellen Gesichtspunkten regeln
will.

Vor allem in Europa soll geschichtlich gesehen das Verhältnis von
Individuum und Gemeinschaft so geregelt und impulsiert werden, dass
daraus eine soziale Gesundheit und Heilung für alle entstehen kann.
Letztlich bedeutet dies in einem ganzheitlichen Sinne betrachtet, dass
Gegensätze und Polaritäten, wie zum Beispiel die von Materie und
Geist, von Physik und Metaphysik, von Erkennen und Glauben und
viele weitere mehr, überwunden und erweitert werden müssen. Der wirtschaftliche „Angriff" aus China und anderen, zumeist fernöstlichen
Ländern ruft uns auf, diese Polaritäten wahrzunehmen und uns vermehrt
auf die eigenen Aufgaben und deren Wachstumsmöglichkeiten zu besinnen. Bleiben wir einseitig im Materialismus stecken, wird Europa über
kurz oder lang von den verschiedensten Seiten bedrängt, unterwandert
und ausgehöhlt werden. Ohne eine Ausrichtung auf die geistigen und
moralischen Werte, also auf die spirituelle Aufgabe Europas im Weltganzen, wird nicht genügend Kraft vorhanden sein, um den drohenden
Angriffen ausgleichend begegnen zu können. Europa muss sich wandeln
und weiterentwickeln, hin zu einem fortschreitenden, guten Geist, zum
Geist des Menschlichen, der von Europa aus seinen Weg in die Welt
hinein beschreiten will.

Am Beispiel der Arbeit möchte ich diese Aufgabenstellung etwas näher
erläutern. Hier herrschen noch die Gegensätze: Arbeiter, Angestellter
und Unternehmer, Manager. Die Kluft dazwischen weitet sich zusehends, also ist von einer Überwindung dieser Gegensätze noch nicht
viel bemerkbar. Auch hier macht sich das Trennende, ein spaltender
Geist breit, der in der Folge bestimmte negative Geister anzieht und dadurch schlimme Konsequenzen haben muss. Beide, der Unternehmer
und der Arbeiter, sie arbeiten doch, sie tragen alle dazu bei, damit Produkte und Dienstleistungen entstehen. Sie sind also aufeinander angewiesen.

Gegensätze können trennen oder sich ergänzen. Das liegt im menschlichen Ermessensraum. Wenn beide in ihren jeweiligen Aufgabenfeldern arbeiten, findet man im Wesen der Arbeit, in dem, was Arbeit eigentlich ist, also in deren innerem Gehalt und tieferem Sinn zusammen.

Der Arbeitsbegriff ist ja sehr weit gefasst und kann praktisch von der Sklavenarbeit bis zur Lohnarbeit, zur ehrenamtlichen Arbeit, zur schöpferischen Arbeit, zur Kulturarbeit, zur zwischenmenschlichen Arbeit und zur Arbeit an sich selbst gereichen. Das Prinzip der Arbeit ist, dass wir darin unsere Fähigkeiten und Erkenntnisse erweitern, um damit das menschliche Leben, den Wohlstand und die Persönlichkeitsentwicklung, sowie das kulturelle und geistige Niveau fördern zu können. Die Idee der Arbeit besteht letztlich darin, dass der Mensch seine individuellen Kräfte, seien sie handwerklich, intellektuell oder schöpferisch, entwickeln und diese zum Wohle der Gemeinschaft einbringen kann. Das gilt für den Unternehmer, wie für den Arbeiter gleichermaßen.

Praktisch bedeutet dies, dass der Arbeiter und der Angestellte aus seinem Abhängigkeitsbewusstsein, aus seinem „Sklavenbewusstsein" herauskommen muss. Und der Unternehmer muss sein Herrenklassenbewusstsein aufgeben, so dass man sich auf Augenhöhe begegnen kann. Beide sind ja schließlich voneinander abhängig.

Zukünftig soll sich eine wirkliche demokratische „Volksherrschaft" in Europa und dann in vielen anderen Ländern ausbilden können, was nur geschehen kann, wenn die „Herrschaft" jedes Einzelnen, also jedes Individuums anerkannt wird. Die Würde des Menschen ist nur gewährleistet, wenn die Spaltung in „Herrenmenschen" beziehungsweise in Eliten, wie diese heute genannt werden und den zu bevormundenden Menschen aufgehoben wird. Die Würde hat nämlich nicht viel mit den Fähigkeiten der Einzelnen zu tun, denn sie ist unabhängig von Geld, Besitz und Können. Die Würde ist nämlich ein Menschenrecht und eine würdevolle Behandlung steht daher jedem Menschen zu.

In der Rechtssphäre, im menschlichen Miteinander, muss daher vor dem Gesetz eine Gleichheit herrschen. Eine Gehirnzelle im Körper ist nicht mehr Wert als eine Magen- oder Herzzelle, vom Standpunkt der Würde aus gesehen, denn zum Funktionieren des Ganzen benötigt man alle Zellen und Glieder. Doch gibt es natürlich verschiedene Daseins- und damit auch Aufgabenbereiche, woraus unterschiedliche Wertigkeiten und Wichtigkeiten entstehen können. Der Mensch kann zum Beispiel ohne Hand leben, ohne Herz jedoch nicht mehr. So gibt es auch in der Gesellschaft Bereiche, ohne die nichts mehr geht, was zum Beispiel bestimmte moralische Werte und das kreative Potential angeht. Manche

Tätigkeiten, wie zum Beispiel die in der Landwirtschaft, sind grundlegend, werden heute jedoch kaum genügend honoriert und oftmals gar verdrängt, während manches, was eher bedenklich ist oder gar schädigend wirkt, wie die vielfältigsten Kapitalmarkttätigkeiten oder die in chemischen, militärischen und energieausbeuterischen Bereichen, wo meistens sogar überhöhte Gewinne und Geldmittel hinfließen. Dieses Beispiel zeigt alleine schon das Kranke und Falsche des Systems, das heutzutage den sozialen Organismus vieler Gesellschaften schädigt. Die heutige Weltwirtschaftsordnung ist zutiefst ungerecht und daher krankmachend, das dürfte inzwischen immer mehr Menschen klar geworden sein, auch wenn viele noch davon profotieren.

Der Mensch ist ein bedürftiges Naturwesen und er ist ein soziales Gemeinschaftswesen und er ist ein geistiges Wesen, das sich selbst bestimmen will. Mancher mag sich vielleicht als Naturmensch genügen, dem anderen zählt mehr die geistige und kulturelle Ausrichtung. Der Naturmensch zeigt eine irdische Bedürftigkeit, der soziale Mensch will für den Anderen da sein, ihm Gutes tun und der geistige Mensch strebt eine Souveränität und moralische Werte an. Als ganzer Mensch, als ein Natur-, Sozial- und Geistwesen, ist jeder Einzelne Unternehmer und Arbeiter zugleich. Wird auch in den „Naturmenschen" der geistige Mensch geweckt, kann er seine kreativen und schöpferischen Fähigkeiten für das ganze Unternehmen gewinnbringend einfließen lassen. Fehlt dem Unternehmer oder dem Manager das soziale Wesen, das soziale Gewissen, wird er ganzheitlich gesehen seelisch verkümmern müssen.

So bedingt eine soziale Gerechtigkeit den ganzen Menschen. Erst dann können die sozialen und gesellschaftlichen Fragen gelöst werden. Wem sollten zum Beispiel die Fabriken und Produktionsstätten gehören, den Aktionären, Managern, Unternehmern oder sollten sie nicht eher rechtlich so gestellt sein, dass sie nicht mehr den bloßen Geldinteressen einiger Weniger unterliegen? Durch eine Neutralisierung der Produktionsmittel würden diese dem Wohle aller dienen.

Die Wirtschaft sollte dienen, dem Ganzen und nicht nur den Kapitalgebern, Managern, Aktionären und Spekulanten. Das Neo-Liberale, die Freiheit in der Wirtschaft, wodurch sich längerfristig nur die Starken beziehungsweise die Reichen und Mächtigen durchsetzen, führt in eine Sackgasse. Das kann heute schon überall beobachtet werden.

Eine Volksherrschaft, also die Herrschaft des Einzelnen in einer Gemeinschaft vieler Gleichberechtigter, kann sich durch eine direkte

Demokratie, zum Beispiel durch Volksentscheide eher heranbilden, als durch die jetzige Parteienpolitik, die immer mehr zu einem Lobbyismus der Starken, also für die Wirtschafts- und Finanzinteressen, verkommt. Politiker sind oftmals nur noch zu Handlangern für die Interessen der Großfinanz und der großen Konzerne geworden, denn diese werden meistens geschont und geschützt, während die Schwachen, die keine starke Lobby haben, ausgenutzt werden und zwar in einem Maße, das inzwischen alle Menschlichkeit hinter sich lässt. Man vergleiche hier nur einmal die Gehälter von Managern mit denen, die die „Maloche" tun.

Brüderlichkeit im Wirtschaftsleben entsteht, wenn jeder versucht, die Bedürfnisse der Anderen befriedigen zu helfen, wenn wir also unser soziales Wesen stärken. Eine Revolution muss zuerst im Bewusstsein der Menschen geschehen, nicht so sehr auf den Straßen. Die „kleinen Leute", die „Naturmenschen", sie müssen sich ihres geistigen Wesens bewusst werden und zu ihrer eigenen Größe und Menschlichkeit aufwachen. Solange sie sich als Untergebene und Abhängige fühlen, kann man sie durch das Schüren von Ängsten klein und minderwertig halten. Sie sind letztlich aber in der Mehrheit; durch ein Bewusstsein ihrer schöpferischen Potenz und ihrer Einzigartigkeit, durch ihre selbsterkannte Würde und Freiheit, müssten die „Herrenmenschen" zwangsläufig allmählich abtreten.

Auch ist der Gegensatz von Kapitalismus und Kommunismus beziehungsweise zum Sozialismus zu überwinden. Ein einseitiger Kapitalismus führt zu Raubbau und zu sozialer Ungerechtigkeit. Kapital ist gut, doch entscheidend ist, was man mit dem Kapital macht, das man übrig hat, wenn die persönlichen Bedürfnisse befriedigt sind. Dann sollte man, das gilt vor allem auch für den Kapitalisten, der schaffen und sich Besitz und Reichtum erwerben will und muss, zum Sozialisten werden. Das heißt mit anderen Worten, mit dem Kapital kann man viel Gutes tun. Das ist der Sinn des Geldes und nicht eine endlose Vermehrung und Hortung desselben. Überhaupt ist das Wohl und Wehe der Menschheit heute sehr stark an die Frage beziehungsweise an den Umgang mit dem Geldwesen verbunden.

Warum soll überhaupt das Geld mehr Wert haben als das Produkt und damit als der einzelne arbeitende Mensch? Aktionäre, Geldgeber und Spekulanten haben heute mehr zu sagen als die Arbeiter und die Angestellten, die das Unternehmen mit aufbauten. Wer gibt dem Geld diese Macht?

Eine neue Geldpolitik tut Not. Dies ist jedoch ebenfalls eine Bewusst-seins- und damit eine geistige Frage. Die Aktionäre leben doch nur von der Arbeitskraft der schaffenden Bevölkerung, selbst tragen sie meistens keine große soziale Verantwortung. Heutige Politiker, die dieses System des Mehrwertes vom Geld unterstützen, verraten letztlich die Menschen, denn sie halten sie in Abhängigkeit vom Geld, vom Lohn, von der Arbeitsstelle. Dadurch können die Arbeitenden klein gehalten und aus-gepresst werden. Natürlich hat jedes Volk die Politiker, die es verdient beziehungsweise die es braucht, um daran aufwachen zu können. Und in leidvollen Zuständen sind wir eben am Ehesten bereit, eine Änderung herbeiführen zu wollen. Leid gibt es weltweit gesehen schon genug, doch immer noch tut sich viel zu wenig, so dass wir scheinbar weitere Lektionen bedürfen, die wir letztendlich jedoch selbst bewirken, keine höhere Macht ist dafür verantwortlich. Denn zu gerne schiebt man das Unheil und die Schuld auf Gott, wenn es einem recht dreckig geht oder wenn es Naturkatastrophen und schlimme Unglücke gibt. Da ertönt recht schnell die Frage, warum Gott dies alles zulassen kann.

Trotz allem Schmerz und allem Leid, das manche Menschen in ihren Biographien erleiden und die dann dieses schwere Leben ohne Vorwürfe und Klagen auch noch bejahen können, weil sie gerade in diesem und durch dieses Leid innerlich gewachsen sind, dies ist doch eine hohe Lebens-Kunst. Viel leichter ist es ja, das Leid und damit auch das „alte" Leben loszulassen, es zu überwinden oder es „auszulöschen" oder aber vor den Problemen und Aufgaben wegzurennen, in dem man sich in alle möglichen Ablenkungen hineinstürzt. Wer das Leid bejaht, hilft mit an der Verwandlung der Erde. So wie die Muschel im Schmerz eine Perle heranbildet, so kann der Mensch im Leid zu innerer Größe, zu Duld-samkeit, zu Gelassenheit und zum Gleichmut hin sich bilden. Wir sind für unser Tun und Lassen immer selbst verantwortlich. Das, was in der Welt passiert, ist immer in Resonanz mit den eigenen seelisch-geistigen Werten, Grenzen und Möglichkeiten – im Guten wie im Schlechten.

Die herkömmlichen Parteien drücken heute meistens nur noch gewisse Teilwahrheiten aus. Egoismen, persönliche Vorteile, die eigenen Stand-punkte beziehungsweise persönliche Begrenztheiten, Korruption, Hab- und Raffgier haben eine Hochkonjunktur. Das soziale und geistige Wesen des Menschen verkümmert darunter. Doch das Menschliche, das Soziale und die moralischen Werte müssen siegen, sonst laufen bald nur noch „lebende Automaten" beziehungsweise Menschen herum, die in ihrer Ganzheit, in ihrer Menschlichkeit verstümmelt sind und nur noch ihrem Eigengenuss hinterherlaufen, bis hin zum seelischen und geistigen Tod des Menschen. Dann hätten die Widersachermächte gesiegt. Die Probleme der Zeit rufen jedoch auf zu einer raschen Umkehr, sonst müsste das Leiden nur noch größer werden.

Jeder Einzelne kann und soll in der Arbeit seine individuellen Fähigkeiten ausbilden und verwirklichen und sie als Beitrag zum Wohle der Gesamtheit in die Gesellschaft einbringen. Das macht glücklich und zufrieden.

Im Prinzip der Arbeit zeigt sich also ein Weg von der entfremdeten Arbeit zur Arbeit, die Ausdruck des persönlichen Seins ist. Die Arbeit fordert uns auf, eine Selbsterkenntnis zu üben und sich mit seinen individuellen und gesellschaftlichen Möglichkeiten bewusster zu verbinden und sich darin vertrauter zu machen.

Das Wesen der Arbeit erfordert einen Weg, der zur Würde des Menschen selbst hinführen kann. In der freien und selbstbestimmten Arbeit wird die Würde des Menschen offenbar. Das zeigt sich vor allem darin, wenn Menschen unwürdig, zum Beispiel in der Sklavenarbeit oder heute in Unterbezahlung und Ausbeutung ihr Dasein fristen müssen. Die Würde des Menschen kann in der schöpferischen und sinnerfüllten Arbeit zur Entfaltung kommen, bei jedem nach seinen ganz eigenen Möglichkeiten und Bedingungen.

Die Arbeit verbindet die einzelnen Individuen mit der Gemeinschaft und Gesellschaft. Eine menschengemäße Arbeit vermag also die Gegensätze von Arbeitgeber und -nehmer zu überwinden, wenn sie selbst wesenhaft geworden ist, denn das Wesen ist über alle Polaritäten und Gegensätze erhaben. Das Wesen der Arbeit ist letztlich der tätige, der schöpferische Mensch – in sich und in der Welt. In diesem Wesen ist man Unternehmer wie Ausführender zugleich. Aus diesem Wesen können alle Bereiche des irdischen, des seelischen und des geistigen Lebens ergriffen und befruchtet werden.

Meinungsverschiedenheiten, unterschiedliche Standpunkte, Probleme, Zerwürfnisse und Schwierigkeiten können am Besten überwunden werden, wenn man dem Anderen das gleiche Recht zugestehen lässt, wie man es für sich selbst wünschen tut. Wo die Liebe zum Mitmenschen waltet, können alle Probleme gelöst werden. Wo die Liebe fehlt, wird es immer schwer sein, eine Einigung zu finden. So braucht es im sozialen Leben der Gesellschaft vor allem ein Interesse am Mitmenschen, die Achtung und die Annahme seines individuellen Wesens und viel Liebe, die man ihm schenken will – uneigennützig und frei.

Dies wird alles möglich, wenn man an die Macht der Liebe glaubt. Die Macht des Guten ist nämlich immer stärker als das Kritisieren, das Verurteilen und den Anderen schlecht zu reden. Zuhören, annehmen, akzeptieren, verstehen wollen, eine Aufmerksamkeit und ein Wohlwollen zeigen, das weckt im Anderen das Gute in ihm. Somit lassen sich immer Lösungen finden, bei denen alle als Gewinner daraus hervorgehen.

Ob Arbeiter oder Unternehmer, ob Kapitalist oder Kommunist, die Zeit der Gegensätze soll einmal zu Ende gehen, denn wir dürfen, können und sollen bei allen Gegensätzlichkeiten beide Pole in uns entwickeln. So ist der einseitige Kapitalist oder auch der einseitige Kommunist zum Scheitern verurteilt. Erwirtschaftet man Kapital, so hat man etwas zum Verteilen. In dieser Gesinnung reicht es für alle Menschen, denn die Erde ist dafür ein gutes Vorbild, sie hat viel Reichtum und sie gibt gerne. Wir dürfen also die Gräben und Unterschiede hinter uns lassen, denn jeder soll und kann das Andere und den Anderen akzeptieren und respektieren, denn letztlich brauchen wir immer beide Pole für die Ganzheit. Die Vielfalt macht den wirklichen, den ganzen Reichtum aus, nicht irgendeine Einseitigkeit.

Das verbindende, das dritte Element zwischen den Gegensätzen ist das Soziale, ist die zwischenmenschliche Sphäre, die heute am Stärksten umkämpft und im Argen ist. Sie wird gespeist durch die Kraft des Herzens, wenn wir selbst unsere inneren Verletzungen, Enttäuschungen, Anfeindungen und Aggressionen überwunden und verwandelt haben – hin zum Verstehen und Verzeihen, hin zum Geist des Menschlichen, hin zum Guten, zur Liebe, in sich und in der Welt.

Dienen dem Glück

Jeder, der eine Verantwortung oder eine Aufgabe übernimmt, die ihm das Leben stellt, dient in irgendeiner Weise. Ob er diese Aufgabe nun gerne erfüllt oder aber nicht, ist eine andere Frage. Jemand, der seine Arbeit nicht freiwillig und nicht mit Freude erfüllen kann, wird daran abstumpfen oder krank werden. Eine Zwangsarbeit beziehungsweise ein Zwangsdienst lässt die Seele verkümmern. Das sollten Pädagogen und Staats-Beamte doch bedenken, die Schulen zu Lernfabriken umwandeln wollen, wo dann oftmals nur noch ein Nützlichkeitsprinzip beziehungsweise die Effektivität und die Wirtschaftlichkeit in Betracht gezogen werden.

Nur ein sinnvolles und lebendiges Lernen und eine Arbeit, die man mit Interesse, mit Hingabe und Freude, also mit der Kraft des Herzens ausgestalten kann, aus freiem Entschluss und einer Einsicht in die Notwendigkeit, bringt menschlich gesehen weiter. Beim Zwangsdienst arbeitet man meist für ein System, dem man sich ausgeliefert fühlt, dem man sich anpasst, das man aber innerlich ablehnt.

Eine Erwerbs- oder Lohnarbeit wiederum, bei der man hauptsächlich des Geldes wegen arbeitet, die ansonsten wenig Entfaltungsräume zulässt, kann sicherlich schicksalhaft angesagt sein, dabei sollte jedoch ein Ausgleich gesucht werden, wo dann zumindest in der Freizeit ein kreatives Tun und ein selbstbestimmtes Schaffen möglich wird.

Bei der ehrenamtlichen Arbeit beziehungsweise beim freiwilligen Dienen herrscht meist ein Motiv vor, das man als nützlich und gut für Andere, also für alle in einer Gemeinschaft erkennt, so dass diese Arbeit innerlich befriedigt, da man darin einen tieferen Sinn findet. Deshalb kann eine solche Arbeit auch mit Freude oder zumindest mit einem guten Gefühl getan werden, da man etwas Sinnvolles tut. Dabei ist aber auch zu bedenken, dass ehrenamtliche Arbeit manchmal sehr belastend und anstrengend sein kann. Ohne einen gewissen Idealismus ist das gar nicht zu schaffen. Daher sollte die Gesellschaft dem Ehrenamt einen besonderen Dank zukommen lassen.

In der kreativen und schöpferischen Arbeit kann man seine individuellen Fähigkeiten sehr gut ausbilden und verwirklichen. Dies erfüllt und bestätigt den Betreffenden in seiner Persönlichkeitsentwicklung meistens auch recht stark, da man sich in einer kreativ-gestalterischen Arbeit in seinem eigentlichen Element erlebt.

Von hier aus ist nun der Schritt nicht mehr weit, wo dann die Arbeit als Berufung erlebt werden kann. Nicht mehr das Geldverdienen steht dabei im Vordergrund, sondern die Frage, was will ich mit meinen ganz besonderen, individuellen Fähigkeiten der Welt schenken? Was kann ich geben? Was ist meine Berufung, zu was bin ich berufen? Hierbei dient man der Gesellschaft nicht mehr nur als „Rädchen im Getriebe", damit das Bruttosozialprodukt steigt oder um einfach nur irgendwo dazugehören zu können. Dies ist natürlich auch sehr wichtig und soll hier deshalb gar nicht abgewertet sein.

Der Mensch als soziales Wesen will und hat sich der Gemeinschaft einzugliedern und Aufgaben zu erfüllen, die zum Wohle der Gemeinschaft notwendig sind. Sonst entsteht recht leicht ein soziales Ungleichgewicht, so wie dies heute immer stärker zu sehen ist, weil viele aus dem solidarischen Gemeinschaftsprozess ausscheren, oftmals nur noch ihr Geld „arbeiten" lassen, während andere „buckeln" und schuften müssen und wieder andere, die vielen Arbeitslosen, nur noch zuschauen dürfen. Diese erfahren dadurch leider keine gesellschaftliche Anerkennung und damit verbunden, eine geringere Integrationsmöglichkeit. Sie sind quasi ausgegrenzt.

Da ist die Idee eines aktiven Grundeinkommens interessant, wo dann jeder Arbeitslose eine gewisse Zeit, ein bestimmtes Stundenkontingent für die Gemeinschaft arbeitet, auf dem Gebiet, das er selber wählt und dafür ein Grundeinkommen erhält. Dadurch würde er nicht nur ein Almosen erhalten oder den Hartz-Gesetzen ausgeliefert sein, denn er könnte stattdessen etwas zurückgeben, was der Gemeinschaft förderlich ist, sei es auf welchem Gebiet auch immer, in der Kunst, in der Naturpflege, im sozialen und im politischen Engagement und und und.

Ein bedingungsloses Grundeinkommen, also ein Einkommen ohne eine Gegenleistung, erzeugt zwar eine gewisse Freiheit, doch kann dies auch zum Nichtstun verleiten oder auch nur zum bloßen Ausleben eigener Wünsche. Der Bezug zur Gemeinschaft sollte aber nicht verloren gehen. Notwendige Arbeiten, die nicht der Selbstverwirklichung dienlich sind, sollten folglich so verteilt werden, dass möglichst viele daran mitwirken können und zwar entsprechend ihren Möglichkeiten.. Die Arbeit ist also zu verteilen. Jeder Einzelne soll einen sozialen Beitrag, einen Dienst leisten dürfen, wenn er dies denn will.

Vielen Menschen genügt dann auch die Art des lohnabhängigen Dienens, sie sind zufrieden, wenn sie einen Beitrag leisten können für die Gesellschaft und von dieser dafür einen bedarfsgerechten Lohn erhalten.

Dadurch erlebt man sich als natürliches und als soziales Wesen in einer Gemeinschaft, die für alle sorgen will.

Der Mensch als individuelles und geistiges Wesen hat zudem das Recht und die moralische Pflicht, seine individuellen Fähigkeiten und Möglichkeiten auszubilden und zu erweitern. Wir sind eben nicht nur Natur- und Sozialwesen, sondern auch Geistwesen, die den Entwicklungsgedanken in sich tragen.

Bei der Arbeit als Berufung handelt man aus seinen innersten geistigen Impulsen heraus. Vielleicht hat man damit zunächst nicht den Erfolg und die Anerkennung in der Gesellschaft und man gerät dadurch in Zweifel und Kümmernisse, so wie dies oftmals viele Künstler erleben, doch man dient einer Sache, zum Beispiel der Kunst, dem Sozialen, der Wissenschaft, der Politik oder auch der Religion. Es kann ja auch eine Berufung sein, sich in ein klösterliches und spirituelles Leben zu vertiefen, wo man eher außerhalb des normalen gesellschaftlichen Lebens steht. Doch auch hier dient man. Wem? Vielleicht zunächst einmal nur sich selbst?

So muss hier folglich noch ein Blick auf die Arbeit an sich selbst gerichtet werden. Man kann dabei aber auch sagen, dem Dienst an sich selbst. Sich selbst zu dienen, das kann natürlich als purer Egoismus aufgefasst werden. Jedoch, dem Leib, dem Körper zu dienen, in dem wir ihn nähren und pflegen, wird jeder einsehen können. Ja, auch den seelischen Bedürfnissen darf gedient werden. Die ganzen Werbekampagnen der Industrie verfolgen diesen Zweck beziehungsweise gaukeln sie manchmal auch nur vor, mit bestimmten Produkten dem Leben der Menschen Gutes zu tun. Dient man den körperlichen und seelischen Bedürfnissen in rechter Weise, so dienen Körper und Seele auch dem ganzen Menschen. Wie nun diene ich am Besten meiner Seele? Genügen dafür die schönsten Genüsse, die das sinnliche Leben zu bieten hat?

Die Seele ist eingespannt zwischen dem Körper und dem Geist. Soll es der Seele gutgehen, muss sie sich im Körper wohlfühlen können und sie muss vom Geist mit Visionen, Idealen und Motiven versorgt werden, die sie impulsieren, vorwärtsbringen und damit erweitern können, denn die Seele lebt und gedeiht in der Entwicklung; Stillstand wirft sie zurück und lässt sie verkümmern. Herrschen Ängste, Zweifel und eine Stagnation darin, so wird sie mit der Zeit krank.

Die Seele braucht geistige Impulse, damit sie wahrhaft glücklich werden kann. Irdische beziehungsweise körperliche Freuden dürfen dabei natürlich nicht verachtet werden, doch sie bescheren kein dauerhaftes Glück, wenn man nur im Irdischen sucht. Geistige Motive tragen letztlich wirklich weiter.

Praktisch ist es meistens aber so, dass wenn man eine Idee, ein Ideal oder ein Motiv gefunden hat, das die Seele gerne anstreben will, weil man sie für sich als richtig erkannt hat, mit der Zeit bemerken kann, dass die Umsetzung solcher Motive und Ideale noch ein anderes und eigenes Kapitel darstellen. Die anfängliche Begeisterung kann nämlich durch entgegentretende Hindernisse und Schwierigkeiten, durch Bequemlichkeit, Zweifel und Ängste sehr schnell erlöschen. Daher benötigt es einen festen Entschluss und einen starken Willen, um seine Ideen und Ideale auch durch- und umsetzen zu können.

Eine Idee, die nicht mit Interesse, Begeisterung und Liebe erfüllt werden kann, wird bald verpuffen. Interesse an etwas zu haben, ist nämlich die Wurzel für die Liebe. Und aus dieser ersteht erst echte Freundlichkeit, Taktgefühl, Opferkraft und Ausdauer. Was man liebt, das erfüllt einen. In der Liebe liegt die Kraft zur Verwirklichung. Eine Tat aus Liebe, eine Liebestat kann nicht ermüden. Die Liebe schenkt immer neue Kraft.

Andererseits können Ideen auch versklaven, zu Ideologien werden, wenn man sich damit nicht mit dem ganzen Herzen verbinden kann. Wenn Ideen also nur mit dem Kopf oder mit dem Willen verbunden sind, kann leicht etwas Starres, Dogmatisches oder Fanatisches daraus entstehen. So muss zur Idee, zum Motiv die Liebe hinzutreten, damit daraus ein Entschluss werden kann, also ein Wille, der Ausdruck meines inneren Seins ist.

Doch auch hier werden Zweifel und Blockaden auftreten, die uns an der Verwirklichung unserer Ideale behindern wollen. Alte Traumatas oder Minderwertigkeitskomplexe können hochkommen und den Willen attackieren. „Schaff ich das überhaupt allein? Bin ich nicht zu schwach?" und so weiter.

Gebe ich diesen Kräften zu viel Raum, so habe ich schon verloren. Entscheidend ist, dass man seinem einmal gefassten Entschluss, den man für richtig erkennt, auch treu bleibt, denn sonst schwanke ich wie ein Fähnchen im Wind und bringe nichts zustande. Das frustriert und schwächt den Willen noch mehr. Manche Gefühle sind oftmals aber auch sehr instabil und schwankend und können daher keinen gesunden Boden für zielstrebige und erfolgreiche Taten abgeben. Bauen wir unsere Ziele und Lebensentwürfe nur auf persönlichen Wünschen und leiblichen Sehnsüchten oder Träumereien ohne geistige Ziele auf, so haben die Widersachermächte ein recht leichtes Spiel, die sich vor allem an unsere seelischen Mängel, Einseitigkeiten und Labilitäten anheften und diese noch verstärken. Mit der Zeit würden wir dadurch nicht mehr Herr in der eigenen Seele sein, bis uns eine Krankheit oder ein seelisches Versagen gewisse Hilfen von Außen, von den Mitmenschen oder auch von der geistigen Welt notwendig machen.

Sicher darf man alte Seelenkomplexe, die aufsteigen und für Unruhe sorgen, nicht unter den Teppich kehren. Man muss sie anschauen, annehmen und bejahen, weil sie zu einem gehören. Ein Verdrängen nützt nichts. Doch sie sollen nicht mehr bestimmend sein. Ich darf ihnen keine neue Nahrung, kein Gewicht mehr geben, wenn ich mein Leben selbstbestimmt, nach eigenen Motiven und Erkenntnissen gestalten will. Dahin lenke ich meine Energie, meine Kraft, meine Vorstellungen und meinen Willen. Vor allem in der Auswahl meiner Vorstellungen bin ich als Mensch frei. Hier entscheide ich, welchen Gedanken und welchen Einstellungen ich den Vortritt lasse. Damit diene ich meiner Zukunft, meinem freien Leben, meinem Glück!

Und ich ziehe dieses Glück an, weil ich es will und ich den negativen Kräften in mir keinen Raum mehr lasse beziehungsweise ich schaue sie an und versuche dieses Negative in mir in Positives zu verwandeln. Zweifel in Zuversicht, Ängste und Minderwertigkeitsgefühle in Vertrauen und Mut, das heißt, ich lasse die Angst los und lasse das Vertrauen in mir zu. Negative Gefühle und Kräfte bedrängen jedoch, sie stürmen ein und wollen alles in der Seele besetzen. Die guten Kräfte und Wesen, sie wollen dagegen in Freiheit ergriffen werden, darum müssen wir uns bemühen und um sie bitten.

„Ich glaube an die Kräfte des Guten. Sie stehen mir immer zu und sind da, wenn ich sie brauche".

So bedarf es quasi auch eine Art seelischen Immunsystems, das sich gegen krankmachende seelische Energien, wie den negativen Gedanken und Gefühlen wehren kann. Dieses „Abwehrsystem" kommt aus dem Geist. Die Weisheit des Körpers hat eine berechtigte „Angst", von Fremdstoffen und krankmachenden Wesen attackiert zu werden und hat sich deshalb die Immunabwehr aufgebaut. Die Seele braucht ebenso Schutzmechanismen, die sie vor allem aus moralischen Werten und geistigen Kräften erhält. Hier kämpft man nicht gegen Stoffe und Mikroben, sondern gegen astrale und geistige Wesen, so wie dies schon Paulus in seinen Briefen über die „Waffenrüstung Gottes" erwähnte, woraus ich kurz zitieren möchte.

„Was uns obliegt, ist nicht ein Kampf gegen irdische Mächte von Fleisch und Blut, sondern gegen Geistwesen, mächtig im Zeitenstrom, gegen Geistwesen, gewaltig im Erdensein, gegen die weltbeherrschenden Mächte der Finsternis, des Bösen.

Steht fest, an den Hüften umgürtet mit der Wahrhaftigkeit. Legt den Brustpanzer des wahren höheren Seins an. In all euren Taten hebet den Schild des Glaubens empor, durch den ihr auslöschen könnt alle glühenden Geschosse des Bösen. Nehmt in euer Denken die Gewissheit des Heils auf, sie bewahrt euer Haupt gleich einem Helm. Und ergreifet das Schwert des Geistes, welches ist das Wortwirken Gottes" (Epheserbrief).

Daran können sich unsere Bitten und unsere Wachsamkeit ausrichten. Denn eines dürfen wir uns immer bewusst sein: die guten Kräfte sind viel stärker als die negativen und bösen. Das Negative in uns und in der Welt ist heute nur deshalb so mächtig, weil wir ihm die Gelegenheit dazu geben, weil wir meinen, wir sind viel schwächer und diesen Kräften ausgeliefert. Doch das ist auch eine Glaubenshaltung, leider eine negative, die uns schwächt. Die Kräfte des Geistes, des Geistesmutes, die michaelischen Willens- und Herzenskräfte in der eigenen Seele, sie treten für das Gute ein und sie kämpfen und vertreiben die Mächte der Finsternis, so dass diese nicht mehr an uns herankommen können. Wir sind dadurch geschützt.

Nur wachsam müssen wir sein und für das Gute arbeiten, ihm dienen wollen. Dies wird aber nicht ohne persönliche Opfer vonstatten gehen können. Das Niedere, Selbstsüchtige und Egozentrische in der Seele müssen wir überwinden und loslassen können. Dann werden wir reif für den Dienst am Göttlichen, für eine Arbeit als Mission. Nicht mehr der Eigenwille entscheidet darin, was zu tun ist, auch nicht mehr das individuelle Motiv für eine Berufung als Beruf, sondern der höhere Wille.

So weit kann das Dienen nämlich reichen: vom unfreien Zwangsdienst bis hin zum reinen, selbstlosen Liebesdienst reicht die Palette an Möglichkeiten. Jeder kann somit recht leicht einsehen, wo er gerade steht und wohin er sich entwickeln will.

In der göttlichen Mission ergreift man eine Aufgabe nicht mehr für sich, sondern für einen größeren Gemeinschaftszusammenhang. Das kann sehr aufopferungsvoll und mit zahlreichen Entbehrungen, Hindernissen, Anfeindungen und Leiden verbunden sein. Doch das größte Glück für einen Menschen ist es doch, wenn er möglichst vielen anderen

Menschen und Kreaturen Sinnvolles und Weiterbringendes vermitteln beziehungsweise wenn er viel helfen und Gutes tun kann. Dafür liefert die Geschichte zahlreiche Beispiele. Ein Mahatma Gandhi, ein Albert Schweizer, ein Martin Luther King und heute ein Dalai Lama, sie erfüllten und erfüllen ihre jeweilige Mission mit einem inneren Frieden, mit Freundlichkeit, Gelassenheit und mit sehr viel Liebe. Darauf kommt es letztlich an.

Doch nicht jedem ist es gegeben, sofort dem Höchsten dienen zu dürfen. Dafür muss man sich würdig und reif machen können. Wo wir aber immer mir dem Dienen beginnen dürfen, ist bei der Arbeit mit den Mitmenschen, bei der Beziehungsarbeit, im Alltag und im Leben der Welt. Da haben wir ein weites Aufgabenfeld.

Wie weit sind wir bereit, unseren Nächsten und Mitmenschen zu dienen oder wie weit stecken wir noch im Kampf, sich von ihnen abgrenzen zu müssen, um vor allem den eigenen Willen durchsetzen zu können?

Hier ist immer eine Gratwanderung zu beschreiten, denn diene ich zu sehr den Anderen, in der Partnerschaft, in der Familie, bei der Arbeit oder in der Freizeit, so verliere ich manchmal meine eigenen Entwicklungs- und Entfaltungsmöglichkeiten. Das „Burn Out-Syndrom" zeigt zum Beispiel das Malheur, wenn man sich zu sehr verschenkt hat oder sich ausbeuten ließ. Und das Helfersyndrom spiegelt letztlich nur die Tatsache, dass sich Menschen als ein soziales Wesen empfinden. Das Individualwesen, der Einzelne, der geistige Mensch mit seinen Bedürfnissen, der ich nun eben auch noch bin, fordert seinen eigenen Tribut, sowie der Natur-Mensch mit seinen leiblichen Erfordernissen und Begehrungen natürlich auch. Einen Aspekt auf Kosten der anderen Ausdrucksweisen des menschlichen Seins zu fördern oder zu beschränken, führt auf Dauer gesehen zu einem Ungleichgewicht. Hier ist folglich eine Selbsterkenntnis vonnöten.

Wann diene ich dem Außen und wann dem Innen? Wann soll ich etwas für meine Persönlichkeitsentwicklung tun, für das persönliche Wirken in der Welt und wann darf und soll die Individualität, das höhere Wesen sich mehr einbringen und aussprechen? Und wann mache ich bei aller Arbeit und allem Tun eine Pause, wann besinne ich mich und fasse in der Stille, in der Rückschau und in der meditativen Betrachtung wieder neue Kraft und neue Entschlüsse?

Ein gutes Verhältnis und ein rechtes Maß kann hier jeder nur für sich selbst finden. Dabei gilt es dann auch, seine berechtigten Bedürfnisse nach Außen, seine Wünsche und Forderungen gegenüber der Gemeinschaft mitzuteilen und zu erklären und diese gegebenenfalls auch durchzusetzen. Da haben es die sozialen Menschen besonders schwer. Die Egoisten dagegen gehen bekanntlich ja „über Leichen", so dass dadurch das soziale Klima recht schnell erkaltet, was wiederum allen schaden wird. Daher ist eben immer auch ein behutsames Vorgehen angebracht.

Im Dienen das Glück, aber auch nur, wenn man es weise einsetzt, für die rechte Sache, für sich und die Nächsten zum Wohle aller, zum Wohle des Guten, des Menschlichen und damit auch des Göttlichen.

Weisheit und Liebe bedingen sich wie die zwei Seiten einer Medaille. Ohne Erkenntniskräfte und Weisheit kann die Liebe ausgenutzt werden. Die Weisheit ohne Liebe wiederum kann zu egoistischen Motiven verwendet werden. Erst zusammmen führen sie zu einer menschlichen Freiheit, zur Erfüllung und zum Glück. Dienen wir der Weisheit und der Liebe, so dienen wir einer glücklichen und lebenswerten Zukunft – für sich und für die Welt.

Das Glück, dem so viele Menschen nachjagen, für sich alleine zu wollen, geht auf Dauer sicher nicht. Begegnet mir das Glück, sei es im Irdischen, im Äußeren oder auch im Innen, in Glücksgefühlen und erhebenden Momenten, so dürfen wir es nicht festhalten wollen, sonst zerrinnt es sehr schnell wieder. Nur wenn wir es durch uns hindurchlassen, wenn wir es verschenken und verströmen – zu den Mitmenschen und zur Welt, beginnt es in uns zu sprudeln und zu einem Quell zu werden.

Dienen wir den Menschen und dienen wir dem Höchsten und dienen wir uns selbst, unserem höheren Selbst, so findet sich in diesem Dienen letztendlich immer auch ein Glück, denn wir dienen dabei den Kräften des Guten und wir dienen dem Wahren und dem Schönen. Dahin soll unser Streben gerichtet sein.

Nicht das Glück darf jedoch unser Ziel sein, denn zu leicht wäre darin nur wieder ein feiner Egoismus zu finden. Unser Ziel ist die Verwirklichung des Gottesreiches auf Erden und im Menschsein. Dahin dürfen wir streben und darum bitten, so wie dies Christus für uns offenbarte: „Bittet um das Reich Gottes und Seine Gerechtigkeit, und alles Übrige wird euch zugetan."

Ja, im Reich Gottes ist alles enthalten, was wir für ein glückliches Leben wie auch für unsere Aufgaben im Hier und Heute benötigen.

„Dein Reich komme..." In diesem Satz findet sich die Lösung für viele Probleme des irdischen Seins. Diese dürfen wir dem himmlischen Vater übergeben, und wir dürfen ihn bitten, dass er sein Reich, seine Kraft, seinen Geist und seine Herrlichkeit uns schenken möge. Denn damit können alle Hindernisse und Schwierigkeiten mit der Zeit überwunden werden. Nicht an einem Tag, denn das Reich Gottes im Irdischen aufbauen zu wollen, benötigt seine Zeit, viele Jahrhunderte und Jahrtausende. Doch wir dürfen daran mitarbeiten, in dem wir den Willen Gottes über unseren Eigenwillen stellen, in dem wir seinen Namen heiligen und in dem wir um sein Reich bitten. Dies ist der Dienst am Höchsten, dieser Dienst macht zufrieden, ausgeglichen und glücklich. Im Gebet, das Christus für uns gegeben hat, im „Vater unser" sind die Stufen, die Anrufungen und Bitten für ein dienendes und geheiligtes Leben zusammengefasst.

Somit ist der Dienst am Göttlichen auch immer ein Dienst an sich selbst. Nähern wir uns dem Göttlichen, so werden wir innerlich heiler, schöner und lebendiger. Und wie ein weiser Spruch diesen Sachverhalt folgendermaßen ausspricht, nämlich: „Wenn die Rose selbst sich schmückt, so schmückt sie auch den Garten" – so dürfen wir uns innerlich, in der Seele mit edlen, reinen und liebevollen Kräften und Wesen schmücken, damit auch unsere Umgebung etwas davon erfährt und abbekommt. Die Seele kann erstrahlen, wenn sie sich mit dem guten Geist verbindet, wenn sie diesem dient. Dadurch erfährt sie selbst eine innere Befriedigung, neue, lebensvolle Kräfte und ein wachsendes Glück, davon allmählich auch der Leib, die Erde und die natürliche Mitwelt profitieren können.

Weltversöhnung

Eine Weltversöhnung ist ein Ideal für die Zukunft, das aber auch schon heute gewisse Forderungen und Aufgaben in einer globalisierten Welt stellt. Dabei sind alle Bereiche des gesellschaftlichen Lebens angesprochen, die Politik, die Wirtschaft und natürlich auch das geistig-kulturelle Gebiet.

In diesem Kapitel möchte ich nicht näher auf die Politik und damit auf den „Königsweg" eingehen, auch nicht auf die Wirtschaft, die heute schon zu einer Weltwirtschaft geworden ist und als zukünftige Aufgabe vor allem eine Solidarität mit der Erde herbeiführen und das Konkurrenzverhalten untereinander überwinden muss.

Hier nun will ich näher auf den Priester- beziehungsweise auf den Hirtenweg der Religionen eingehen, denn diese sind leider noch recht weit voneinander entfernt, was dann in bestimmten Auswirkungen das kulturelle Leben der gesamten Menschheit betrifft.

Die Kunst kennt ja am wenigsten Grenzen. Der Künstler ist meistens recht offen, weltzugewandt und liebt das Neue und Unbekannte. Die Wissenschaften dürfen sich natürlich auch zum Globalen hin entwickeln, so dass an ihren geistigen Leistungen und Erkenntnissen alle daran teilnehmen und davon profitieren dürfen.

Die einzelnen Religionen leben jedoch noch immer ein ziemliches „Inseldasein", obwohl durch die globalisierte Welt zahlreiche Kontakte und Begegnungen stattfinden, oft auch ungewollt durch die vielen Konflikte, Vertreibungen und Wanderbewegungen oder durch die vielfältigsten Geschäfts- und Urlaubsreisen.

Sicherlich gibt es bei und zwischen den Religionen zahlreiche Punkte und Werte, die verbinden oder aber auch trennen können, weil sie in einigen Bereichen und Aussagen sehr verschieden sind. Wichtig erscheint mir dabei, dass man zuerst einmal lernt, auf das Verbindende zu schauen, denn dann wird das Trennende nicht mehr so mächtig erscheinen.

Jede Religion nimmt im Weltganzen einen bestimmten Standpunkt ein, von dem aus sie die Welt betrachtet. Religionen sind in einem bestimmten geschichtlichen und geographischen Umfeld entstanden und prägten daraus auch ihr Weltbild. Wollen wir die Religionen verstehen, müssen wir versuchen, einen umfassenden Standpunkt einzunehmen, das heißt, wir müssen dazu quasi in alle verschiedenen Standpunkte hineinschlüpfen können. Das geht aber nur, wenn wir selbst neutral bleiben, also den eigenen Standpunkt aufgeben oder zumindest erweitern können.

So will ich im Folgenden einige Religionen und ihr gegenseitiges Verhältnis so beleuchten, dass ihre jeweilige Aufgabe im Weltganzen sichtbar wird. Dies kann hier aber nur ansatzweise und unvollständig geschehen, da das Thema Religion sehr umfassend und komplex ist.

Bei den verschiedenen Naturreligionen ist noch eine ursprüngliche Einheit von Mensch, Natur und Kosmos eine gelebte Wirklichkeit; zumindest gibt es noch Heiler, Schamanen und Priester, die imstande sind, diese Einheit immer wieder herstellen zu können. Mit der fortschreitenden Persönlichkeitsentwicklung wird es jedoch immer schwieriger, diese Natürlichkeit bewahren zu können, da der Mensch als Einzelwesen, als einzelnes Ich, sich vom Ganzen als getrennt erlebt. Die Sehnsucht nach Ganzheit wohnt jedoch allen Menschen inne. Dadurch üben alte schamanische Rituale und Traditionen oftmals eine besondere Faszination auf moderne Zivilisationsmenschen aus, doch diesen ist mit atavistischen Bewusstseinszuständen, wie der Trance oder mittels mancher magischer Zauberkräfte nicht wirklich oder nur bedingt zu helfen, denn jede Zeit hat auch ihre entsprechenden Heilungsimpulse.

Der Hinduismus betrachtet die Welt als gegeben, sie ist gut und gesund, jedoch sie ist auch krank, beides wechselt sich ab. Ein gewisser Fatalismus entsteht daraus, man nimmt sein vorbestimmtes, unabänderliches Schicksal an, zum Beispiel im Kastenwesen, denn das Karma-Gesetz, das Gesetz von Ursache und Wirkung ist hier auf die Vergangenheit gerichtet. Eine Hoffnung bleibt für die nächste Inkarnation, wenn sich in einem späteren Leben die Verhältnisse zum Besseren wenden können, je nachdem, wie artig und pflichtbewusst man sein jetziges Leben annimmt und vor allem seine religiösen Aufgaben und Verpflichtungen, seine seelische Hingabe, seine Opferungen und Rituale an die transzendenten Götterwelten bewerkstelligt. Dabei ist die Transzendenz die ursprüngliche und wirkliche Welt, der man zustreben will; die irdische, die sinnliche Welt ist nur Maya, ist Schein, die man letztlich wieder verlassen will, auch wenn dies noch viele Inkarnationen dauern kann.

Der Yogi versucht, sich und seinen Körper mit Lebens- und Geisteskräften zu durchdringen, auf dass er eins wird mit dem kosmischen All, in das er ganz eingehen will.

Im Taoismus wird versucht, die Weisheit des Himmels auf der Erde zu leben beziehungsweise die Erdenaufgaben nach kosmischen Gesetzen zu ordnen. Eine Feinheit des Wesens, Freundlichkeit und Fleiß sind

Tugenden, die darin erworben werden. Man will von allem und aus allem lernen. Gerade die Natur ist im Taoismus zum großen Lehrmeister für die Menschen geworden.

So hat jede Religion eine bestimmte Richtung und Qualität an Werten und Tugenden, zu der sie die Menschen erziehen will. Alle Religionen zusammen erfassen die Werte, die wir Menschen im Erdensein verwirklichen können.

Der Buddhismus betrachtet die Welt als Joch aus Leiden, Krankheit und dem unausweichlichen Tod, die in den Erdenleben nicht zu verhindern oder gar zu heilen sind. Daher strebt man hier den Ausstieg aus dem Schicksalsrad an; das sogenannte Samsara, die Verstrickung und die Anhaftung an das Irdische soll verlassen werden. Die Welt, sie ist eine Illusion, Maya. Das Niedere, der Durst nach dem Dasein ist zu lassen beziehungsweise man identifiziert sich nicht mehr damit, sondern sucht in sich die Verbindung zu einer höheren Natur, zur sogenannten Buddha-Natur. Die Tugenden der Milde, der Güte, der Weisheit und des Mitgefühls führen den Menschen hin zu seiner inneren, freien und wahren Natur.

In Europa gab es vor allem im antiken Griechenland die Weltanschauung beziehungsweise den Standpunkt, dass die Welt gut ist, so wie sie ist. Daraus entstanden herrliche, harmonisch wirkende Werke der Kunst, sowie der gesamten Lebensgestaltung, zum Beispiel im Sport, in den Olympischen Spielen und Disziplinen, sogar bis in die ersten demokratischen Städtegesellschaften hinein und hin zu einem neu erstandenen und alles umfassenden Denken, das aber noch immer die Götterwelten in die irdische Welt hereinwirken sah. Darin konnten sich philosophische Systeme entwickeln, die zum Beispiel bei Platon die Ideenwelten als eigentlichen Grund für das Dasein annahmen oder in Aristoteles, der begann, die natürliche und menschliche Welt in Kategorien und Axiome einzuteilen, um sie damit besser verstehen zu können. Aristoteles ist menschheitsgeschichtlich gesehen eigentlich der erste Mensch, der bewusstseinsmäßig und forschend in einem naturwissenschaftlichen Sinne in die materielle Erdenwelt einführen konnte.

So kann man diese vergangenen Kulturen überblickend, feststellen, dass in der Zeit, während Aristoteles die westliche Menschheit in das Irdische, in die Materie beziehungsweise in die Maya, wie diese der Ostmensch nennt, einführt, zur gleichen Zeit der Buddha in Asien die Menschen mehr im Geistigen, im Überirdischen hält. Dies ist sicher eine Notwendigkeit gewesen, denn sonst wäre die „Waagschale", das Gleichgewicht auf der Erde recht einseitig geworden.

Die Aufgabe in den westlichen Geistesströmungen besteht folglich vor allem darin, in die Materie einzudringen, woraus zwangsläufig ein Materialismus entstehen muss, wenn nicht zugleich die metaphysische Seite der Welt in Betracht gezogen wird.

Jedoch ging es einem Aristoteles nicht um einen einseitigen Materialismus, der nur das sinnlich Sichtbare als Wirklichkeit erkennt, denn er erforschte auch die Gesetze des Lebendigen und wollte vor allem den Geist in der Materie, wie auch in der Welt ergründen. Damit wird die sinnliche Welt durchgeistigt, denn der Mensch als Geistwesen hat seine geistige Potenz, den Geist nicht nur in sich oder nur in einem fernen Himmel zu suchen. Er kann ihn überall finden beziehungsweise dann auch erkennen, auch in der Natur, auch in der Materie und ihn daraus dadurch sogar befreien.

Eine Religion, auf dessen Grund die europäische Geistesgeschichte ebenfalls fundiert, ist das Judentum, das wiederum Elemente aus der altägyptischen Kultur in sich trägt. Im Judentum zeigt sich eine umfassende Kosmologie, wie sie zum Beispiel in der Kabbala ausgedrückt ist und die Verbindung von Gott, Mensch und Welt beschreibt. Die zehn Sephirot oder Stufen vom Höchsten bis zur Materie hinunter beschreiben eine unendliche Weisheit, die auch in der Gestalt der sogenannten Shekinah auftritt, sowie im Gesetzeswalten im weiten Kosmos und dann auch im Menschenleben, bis in die Vererbungsgesetze hinein, sichtbar wird. Shekinah ist die Weisheit als eine geoffenbarte Gottheit, entsprechend der Sophia in der christlichen Hermetik.

Das israelitische Volk zur Zeitenwende war ganz im Leib angekommen, es war damals das am tiefsten inkarnierte Volk auf Erden, das heißt, die Seelenwesen und die Leiber der damaligen Menschen kamen in kompakter Weise zusammen. Früher waren die Seelen ja noch mehr mit den Götterhimmeln verbunden, also noch nicht so tief inkarniert; daraus entsprangen auch die vielen Göttergeschichten der Griechen, Germanen, Ägypter und anderswo.

Ganz ein Erdenwesen zu werden, war die hauptsächliche Aufgabe dieses israelitischen Volkes, die durch eine Beachtung des Stammbaumes und der strikten Einhaltung der Vererbungsgesetze verwirklicht wurde. In der jüdischen Tradition spielen daher Geschlecht, Sippe, Stammbaum, aber auch feste Rituale, Bräuche und Opferungen, also recht irdische Angelegenheiten eine große Rolle. Über den Stammbaum hatte man noch Bezug zu den biblischen Vätern, wie zu Abraham und Moses, nicht mehr aber einen lebendigen Kontakt zu den Göttern selbst, denn die Seelenleiber hatten sich bis zur Zeitenwende schon weitestgehend vom kosmischen Umkreis, von den Göttern abgeschnürt beziehungsweise sich davon emanzipiert.

In dieses Volk hinein inkarnierte sich das Christuswesen. Im Christentum bildet sich seither eine allmähliche Aufstiegsmöglichkeit aus der tiefsten Inkarnation, aus der Getrenntheit und Isolation von den Götterhimmeln, also eine neue Verbindung mit dem Kosmos aus. Diese ist jedoch an das Freiheitselement gebunden, das Christus den Menschen gebracht hat. Im Menschen-Ich, dessen Substanz und Qualität der Christus bejaht und bekräftigt, liegt der Keim für eine zukünftige Entwicklung: hin zum Wesen des Geistes – im Menschen und im All.

Die römisch-katholische Kirche, in der das urchristliche Geistesleben sehr stark mit römischem Machtgebaren, mit dem Cäsarenkult unterwandert wurde, erkennt dieses Freiheitselement für den Einzelnen nicht an, zumindest war dies in früheren Zeiten so. Die Kirche als Institution stellte sich oftmals über die einzelnen Menschen und zwar in einer hierarchischen Weise, so wie dies dem Urchristentum noch fremd war. Ja, sie stellt sich auch heute noch in den verschiedensten päpstlichen Erlassen an die Stelle einer direkten, freiheitlichen und individuellen Beziehung des Einzelnen zur göttlich-geistigen Welt.

Daher ist es nur konsequent, wenn die lutherische Reformation mehr den Einzelmenschen und seine Beziehung zu Jesus Christus betont. Leider wird dabei der Christus selbst auf ein menschliches Maß reduziert. Der kosmische Christus, der Logos und Schöpfergott wird in den Konfessionen kaum mehr gesehen, nur in den sogenannten Ketzerbewegungen wurde sein Geist und Wesen gesucht.

Esoterisch-christliche Strömungen wie die Katharer, Templer, Rosenkreuzer, die Gralsströmung oder der Bauhüttenimpuls der Freimaurer und so weiter, sie wurden oftmals bekämpft und vernichtet. Da ist noch viel Aufklärungsarbeit und Wiedergutmachung seitens der Kirche angesagt, damit das Christentum als ein Ganzes sich in gesunder Weise fortentwickeln kann. Wenn die Christenheit es nicht schafft, zusammen zu stehen, so wird sie dem Anrennen der Gegenmächte nicht viel entgegnen können.

Nach der Zeitenwende war es in Europa eben so, dass sich das römisch-katholische Christentum, zum Teil auch sehr gewaltsam, ausbreitete. Die philosophisch-geistige Strömung des antiken Griechentums fand darin keinen Platz, wie auch nicht die naturverbundenen keltischen und germanischen Kulturen der Ureinwohner Europas.

Die aristotelische Geistesart, das philosophisch-rationale Denken aus dem antiken Griechenland wurde damals jedoch von arabisch-orientalischen Geistesschulen, vor allem aus dem persisch-arabischen Kulturkreis sehr schnell aufgenommen. Daraus entwickelte sich in diesen Schulen, zum Beispiel in der Akademie von Gondishapur, eine sehr hohe Intellektualität. Die Weisheit des Ostens verband sich darin mit dem abstrahierenden und analysierenden, philosophischen Gedankengut und sollte von dort aus in den ersten Jahrhunderten nach Christus die Welt befruchten beziehungsweise diese damit überschwemmen. Dies wäre jedoch für Europa fatal gewesen, denn eine zu frühe Intellektualisierung ohne eine ausreichende Ausbildung der Gemütskräfte, wie diese vor allem im mittelalterlichen Europa durch die vielen Legenden, Geschichten und Troubadoure, aber auch durch die religiöse Inbrunst des Katholizismus bewerkstelligt wurde, bedeutete einen gewaltigen Angriff auf die Ganzheitlichkeit und damit auf die gesunde Entwicklung und Aufgabe des europäischen Menschenwesens.

In diesem Kontext kann auch der Islam gesehen werden, der im frühen siebten Jahrhundert nach Christus entstanden ist und der vor allem eine Abkehr von diesem Intellektualismus mit sich brachte beziehungsweise eine Abmilderung davon. Der Islam zeigt eine Vereinfachung des religiösen Lebens. Durch fünf Säulen des Glaubens wird ein Gottesdienst im Lebensalltag errichtet, den jeder nachvollziehen kann.

„Gott ist groß" – der Mensch dient. So wird der Hybris und dem Hochmut vorgebeugt, so wie diese durch eine immense Gescheitheit im sogenannten Arabismus entstanden waren. Der Islam bewirkte also eine Abmilderung der Impulse aus der Schule von Gondishapur.

Sodann konnten vor allem über das römisch-katholische Christentum im Mittelalter die Gemüts- und Glaubenskräfte in Europa ausgebildet werden. Erst mit der Scholastik und später in der Aufklärung begann die Zeit der Verstandesentwicklung in einem christlichen Zusammenhang. Vorher war eben hauptsächlich eine Empfindungsseelenentwicklung angesagt. Heute soll aber auch die Verstandesseele beziehungsweise die Intellektualität erweitert und damit gewandelt werden, hin zur sogenannten Bewusstseinsseele, die eine erneute Verbindung zum Geist, zu einer persönlichen Geistverbundenheit und Spiritualität gereichen kann. Und dies vor allem durch ein selbsttätiges, erweitertes Denken, durch das sich selbst beobachtende und sich selbstbestimmende, willentliche, ichhafte und einfühlende Denken. In der Bewusstseinsseele dürfen die

Gemüts- und Verstandeskräfte natürlich dann auch eingebunden sein.

Somit hat jede Religion seine eigene Bedeutung innerhalb der Geistes-Entwicklung der Menschheit und je nach Zeit und Ort eine verschiedene Aufgabe, woraus natürlich zwangsweise gewisse Einseitigkeiten entspringen. Die zukünftige Entwicklung auf religiösem Gebiet erfordert deshalb eine gegenseitige Begegnung und Befruchtung. Im Verhältnis von Buddhismus und Christentum kann dies recht leicht ersichtlich werden.

Das Mitgefühl der Buddhisten und die tätige Liebe der Christen, sie gehören zusammen und ergänzen sich. Der Buddhismus strebt ursprünglich die Abkehr von der Welt an. Das Christentum hat eine therapeutische Aufgabe in der Welt. Eine Weltverwandlung von Innen her soll geschehen, so wie dies zum Beispiel im Gralsmotiv aufleuchtet als dem „Mittenhindurch" oder in der Alchymie, die das Gemeine und Unedle in Edles verwandeln will. Hier kann der Buddhismus auch etwas vom Christentum lernen. Die Christen können wiederum die heitere Gelassenheit, die Weisheit und das Einfühlungsvermögen der Buddhisten sehr gut gebrauchen.

Zusammen münden diese Impulse ein in den manichäischen Geistesstrom, der durch den Ausspruch: „Liebet das Böse gut" charakterisiert ist. Das manichäische Christentum wird in der Zukunft als christlich-universeller Geistesstrom eine immer größere Wichtigkeit erhalten. Von Manes im 3. Jahrhundert nach Christus in Persien eingeläutet, kam sein Impuls über die sogenannten Ketzerbewegungen der Bogumilen und Katherer in die Gralsströmung hinein. In der weiteren Zukunft wird die Mission dieser geistigen Individualität beziehungsweise dieses Boddhisattwas, der in jedem Jahrhundert inkarniert sein wird, bis hin zum sogenannten Maitreya Buddha, zum heilenden Wirken für viele Menschen gereichen, die sich dafür öffnen können. In der Ganzheitlichkeit des Wortes wird dieses so lebendig und magisch gehandhabt werden, dass durch das gesprochene Wort die Seelen der Menschen verändert und geheilt werden können. Dies ist die große Mission des zukünftigen Buddha, genannt Maitreya. Er wird die buddhistische und die christliche Geistesströmung miteinander verbinden. Sicherlich muss es dafür auch Menschen geben, die diesen Impuls aufnehmen, vorbereiten, begleiten und verwirklichen wollen. Dazu werden aber noch etliche Jahrhunderte benötigt. Um so erfreulicher ist es, dass Buddhisten in Indien eine große Maitreya-Skulptur mit vielen sozialen und geistigen Initiativen planen, wodurch die Aufmerksamkeit der Welt auf diesen Menschheitslehrer erhöht werden wird.

Am Ende unserer Erdenzyklen, bevor die Erde in den Jupiterzustand und damit in eine neue „Form" und Daseinsebene der Erde übergeht, wird die Menschheit noch einmal vom Urbösen geprüft werden. Ist sie dann schon so weit, um dieses Böse gut lieben und damit wandeln und erlösen zu können oder lässt sie sich von diesem mitreissen oder die Menschen kämpfen noch gegen das Böse an und werden dadurch erst recht überwältigt, dessen Resultat dann der Krieg aller gegen alle sein wird. Vielleicht erkennt man diese Prüfung aber auch als eine Stufe zu einer geistigen Höherentwicklung an?

Das Erdenreich ist ein Reich der Entwicklung, der Prüfungen und des seelisch-geistigen Strebens, sowie des sich Entscheidenkönnens, um darin eine gewisse Urteilsfähigkeit entwickeln zu können. Nicht verurteilen, aber einschätzen und verstehen lernen, mit dem Herzen und mit der menschlichen Vernunft, darum geht es im alltäglichen Erdensein, wie auch auf kulturellem Gebiet, in den religiösen Strömungen und in der Geistesgeschichte der Menschheit insgesamt.

Weit ist der Weg – hin zu einem echten Verständnis, zum gegenseitigen sich Annehmen und Ergänzen. Wir haben noch einige Jahrtausende vor uns, bis der Erdenweg in circa 35 000 Jahren seinem Ende entgegengeht. Dann streift das Erdenwesen und damit auch das umfassende und einwohnende Menschheitswesen, der Christus, seine Schlacken, die tote Materie ab und geht mit den veredelten Hüllen in einen rein geistigen Zustand, in einen sogenannten Pralaya-Zustand über, um danach im sogenannten Jupiterzustand, einer ätherisch-leiblichen, nicht mehr physisch-materiellen Erde neu zu erscheinen – als Neues Jerusalem, so wie diese neue Erde biblisch genannt ist.

Dies ist natürlich ein weiter Zukunftsblick. Wie aber steht es nun um das heutige Europa, welche geistigen Grundlagen soll es haben?

Fremde Religionen, Atheismen und naturwissenschaftliche Modelle zur Erklärung der Welt strömen ein; das kirchliche Christentum ist ins Wanken geraten, so dass die geistige Zukunft recht unsicher und unvorhersehbar erscheint. Kaum sind noch Visionen und Ideen für eine gesunde Zukunft wahrzunehmen, eher überwiegen momentan Interessenkonflikte und manche Vorahnungen von Katastrophen und Unglücken, sei es in den Naturzusammenhängen oder im sozialen Leben. Daher besinnen sich viele Menschen eher wieder auf religiöse Lehren und spirituelle Impulse.

Welche geistige und religiöse Strömungen werden heute gebraucht und sollen mitgestalten, damit Europa zu einem geistigen „Bollwerk" und damit zum Vorbild für die Welt gereichen kann? Oder haben die Religionen schon ausgespielt, so dass allein der kluge Verstand beziehungsweise die Vernunft das entsprechende oder „letzte Wort" zu reden hat?

Das Judentum, das ganz gewiss eine moralische Berechtigung und damit eine Zukunft in Europa haben soll, betont die Pflichten des Menschen gegenüber den kosmischen Prinzipien und Gesetzen. Der Islam, der immer stärker nach Europa hereindringt, hält sich streng an seine religiösen Gesetze und Bräuche. Hier ist eine Verbindung zum kosmischen Ursprung, damit auch zur Welt des göttlichen Schöpfers gegeben. In der Welt Gottes ist alles Ordnung und Gesetz.

Das Christentum bewirkt beziehungsweise es fordert auf dem Weg zur Freiheit die individuelle Verantwortlichkeit und damit die Entwicklung zur Liebe hin und diese als eine Qualität und als ein Prinzip des göttlichen Sohnes.

Der Buddhismus und Hinduismus, sie haben einen starken Geistbezug, sie streben an eine hohe Spiritualität, eine weisheitsvolle Geistverbundenheit in sich selbst und hin zu einer übernatürlichen Welt der vielfältigsten göttlichen Wesenheiten und Kräfte, was aber auch eine Abkehr von der irdischen Welt bedeuten kann.

Insgesamt kann man in den Grundsätzen und Verhältnissen der Religionen einen Weg erkennen: vom strengen Vatergöttlichen zum Sohnesgott und zukünftig weiter zum sogenannten Geistgott. Gemeinsam ist allen das Streben zum Ursprung, zur Einheit, zur übernatürlichen, transzendenten Welt Gottes. Das Wassermannzeitalter, an dessen Beginn wir heute leben, soll immer mehr zu einem Zeitalter des Geistes werden. Daher haben der Taoismus, der Buddhismus und der Hinduismus auch eine starke Anziehungskraft für viele West-Menschen. Sie können nämlich das Christentum befruchten und erweitern, denn dieses ist oftmals im biblischen Wort, in der Konvention und im Dogma erstarrt und erkennt das Neue, den fortschreitenden und inspirierenden heiligen Geist nicht mehr.

Der Islam und das Judentum, sie sind wie zwei Söhne des Vaters und damit Bruderreligionen, auch zu den Christen. Sie sind wie Wächter, damit das Neue, damit der zu sich selbst erwachende Geist den Vater nicht vergisst und die Menschen sich nicht im Hochmut und im Freiheitswahn, tun und lassen zu können, was sie wollen, verlieren. Zudem erinnern uns die Naturreligionen an die tragenden Kräfte und Wesen der Mutter Erde, denn auch sie gehört zur Schöpfung, die wir ehren und achten sollen. Das Verbindende aller Religionen sind letztendlich die moralischen Werte des Menschseins, die schließlich in jeder Religion anerkannt werden.

Im Christentum ist es vor allem die Liebe, die das tätige Leben in der Welt mit den individuellen Gestaltungsmöglichkeiten des Einzelnen wie auch mit den Sphären des Geistes verbindet. Mensch, Erde, Natur und Himmel dürfen sich versöhnen. Dies ist ja der eigentliche Impuls des göttlichen Sohnes. Das heißt aber nicht, dass dann alles, dass alle moralischen Regeln und Wertigkeiten gleich sein müssen.

Der Andere, auch das Fremde, Vorangegangene und Andersartige ist anzunehmen und zu akzeptieren. Wie die Farben des Regenbogens die Vielfalt des Himmels zeigen, so dürfen sich unterschiedliche und gegensätzliche Strömungen ergänzen und allmählich so zusammenarbeiten, damit ein Zusammenklang entstehen kann. Die moralischen Werte der Güte, der Barmherzigkeit, der Weisheit, der Gerechtigkeit, der Toleranz, der Achtung, des Friedens und so weiter, sie ermöglichen dies.

Wie im Großen, so im Kleinen. Auch im Zwischenmenschlichen und Partnerschaftlichen möchten diese Werte Einzug finden. Doch daran mangelt es oftmals. Viele Fehler hat hier die christlich-katholische Kirche in Europa begangen. Sie führte viele Kriege, selbst gegen das esoterische Christentum, aber auch gegen die Ureinwohner Europas, gegen die Germanen und Kelten, sowie gegen die Ureinwohner Amerikas. Da stehen immer noch Wiedergutmachungen beziehungsweise Schuldbekenntnisse aus.

Doch das Christentum lässt sich nicht auf die katholische Kirche beschränken. Es wirkt vor allem im einzelnen Menschen und die Geistesgeschichte zeigte dann auch immer wieder gewisse Veränderungen und Neuerungen. So möchte ich hier trotz allen Verleugnungen ihrer eigenen Werte und ihre Missetaten in der Geschichte nicht gegen die katholische Kirche wettern, denn sie hat auch heute noch eine sehr wichtige Funktion. Bei allen Fehlern hat sie doch mitbewirkt, dass Europa einen freiheitlichen und menschlichen Geist herausbilden und entwickeln konnte, denn sie bereitete den Boden vor, so wie Petrus auch der Fels ist, auf dem Christus seine Kirche bauen will. Diese wahre Christuskirche ist eben noch lange nicht fertiggestellt, denn sie will die gesamte Menschheit, sie will alle Menschen im Geiste der Liebe umfassen.

Eine Weiterführung beziehungsweise ein Aufblühen der aristotelischen Geistesart in einem christlichen Zusammenhang lässt sich zum Beispiel in der Scholastik finden, wie auch bei einigen christlichen Denkern, zum

Beispiel bei Thomas von Aquino oder Albertus Magnus, später dann im Idealismus und zuletzt in der Anthroposophie Rudolf Steiners. Die Welt wird hier als Chance, als Möglichkeit zur Ausbildung neuer Fähigkeiten betrachtet, damit sich der Mensch in seiner persönlichen Entwicklung erweitern und vollenden kann.

Am Beispiel der Depression, die heute vermehrt auftritt, möchte ich dies im Verhältnis zur buddhistischen Geistesart etwas näher erläutern. Der Buddhist sieht deren Ursache im Ego und dessen Verstrickung in das irdische Leben. Das Ego beziehungsweise das Ich erklären die Buddhisten jedoch zu einer Illusion; man soll sich davon abschneiden, dafür die Buddhanatur aufsuchen, die Geistnatur im Menschen, denn dort herrscht Ruhe und Glückseligkeit.

Das esoterische Christentum sieht in der Depression, wie auch in anderen Krankheiten und Krisenzeiten Umstände und Herausforderungen, die uns zunächst auf uns selbst zurückwerfen. Eine Selbsterkenntnis wird verlangt. Die Hoffnung, die man daran ausbilden kann, stärkt die Seele in dem Glauben, dass am Ende des Tunnels ein neues Licht erscheint. Wir finden in Krisenzeiten oftmals auch zu neuen Lebensausrichtungen. Mittenhindurch – auch Depressionen und damit das Dunkle, das Schwere und das Finstere gilt es zuerst einmal anzunehmen. An den Hindernissen und Abgründen können nämlich neue Kräfte entwickelt werden. Die Ich-Kraft kann das Leiden überwinden, wenn sich der Mensch ichhaft und frei mit geistigen Kräften, Werten und Wesen verbinden will und kann. Dadurch wird die Persönlichkeit von Innen her gestärkt und findet so in Notzeiten eher die Impulse aus dem höheren Selbst, das schließlich unser Schicksal lenken will. Nehmen wir unser Schicksal an und versuchen, es selbsttätig zu etwas Besserem umzugestalten, im Einklang mit den inneren Impulsen, mit dem Gewissen und den moralischen Werten, so werden wir allmählich freier, zufriedener, erfüllter und glücklicher sein. Welt- und Selbstverwandlung kommen somit zusammen.

Jeder freie Mensch muss natürlich selbst beurteilen und entscheiden können, wo er gerade steht und zu welcher geistigen Weltenströmung er gehören will. Bejahe ich den Evolutionsgedanken und versuche ich mich wandelnd und mitgestaltend darin einzubringen oder strebe ich eher eine Abkehr davon an? Suche ich den Zusammenklang mit der natürlichen Schöpfung oder achte ich mehr auf die Erfüllung der religiösen Pflichten und Gesetze? Oder suche ich mir aus den verschiedenen Strömungen und Anschauungen das für mich Passende aus und bastele mir somit meine eigene Weltanschauung?

Alles ist möglich. Ja, ich kann eine ganz persönliche Beziehung zum Göttlichen finden, dann brauche ich gar keine äußeren Institutionen und Verhaltensregeln mehr, denn die inneren Erfahrungen weisen mir den Weg – hin zu einem universellen Geist, der Mensch, Welt, Himmel und Erde umfasst. Letztlich gibt es ja so viele Religionen, wie es Menschen gibt. Jeder gewinnt seine eigene Religion, das heißt, seine ganz persönliche Rückverbindung zu Gott. Und darauf kommt es schließlich an.

Religionen und Ismen haben eigentlich nur die Aufgabe, die Menschen, die ihnen anvertraut sind, zu dieser individuellen göttlichen Beziehung hinzuführen. Dann haben sie ihre „Schuldigkeit" getan.

So weit sind die Menschen aber noch lange nicht. Der Kosmopolit ist eine Zukunftsvision, denn die Integration von allem und damit auch der Werte, Tugenden, Standpunkte und Fähigkeiten aus den verschiedenen Geistesströmungen dauert eben seine Zeit.

So möchte ich in diesem Zusammenhang noch etwas näher auf das Verhältnis von Islam und Christentum eingehen, da hier in heutiger Zeit noch vielfältige Rivalitäten und Feindseligkeiten zu überwinden sind.

Im Islam spielt der Mensch als Einzelwesen noch nicht die Rolle, wie er sie im Geiste des Christentum einnimmt. Der Moslem ist noch mehr ein Glied in der Gemeinschaft, in der Familie, in der Nation und in der Religion. Er setzt sich ganz für seine Gemeinschaft ein. Darin geht er ganz auf und verteidigt die Ehre der Gemeinschaft bis aufs Blut. Ja, diese Wertschätzung der Ehre hat der Moslem orientalischer Prägung quasi noch im Blut. Jeder hat da eine vorbestimmte Rolle, die er einnimmt aufgrund seines Ranges, zum Beispiel die Rangordnung Vater – Sohn – Mutter – Tochter innerhalb der Familie. Die Ehre der Familie steht dann auch über dem Einzelnen.

Der Christ entwickelt sich hin zum Einzelwesen, zum „Ich bin", das zunächst für sich alleine steht. Daher tun sich in einem fortschreitenden Christentum auch Gemeinschaften viel schwerer, was zum Beispiel in Familien und Ehen, aber auch in spirituellen Zusammenhängen zu beobachten ist. Die Würde des Einzelnen, die Würde des Ichs ist hier das höchste Gut, ist sozusagen das oberste Gesetz. Seine „Gesetze und Normen" bildet der freie und sich selbst bestimmende Mensch folglich aus sich selbst, aus seinem moralischen Gewissen heraus.

Das kann der Moslem aus dem Orient normalerweise noch gar nicht richtig verstehen, da er in seiner Ichhaftigkeit noch nicht so stark angekommen ist. Da hat die christliche Geistesentwicklung einfach ein paar

Jahrhunderte Vorsprung. Orientalen sind wunderbar beseelt, manchmal leidenschaftlich bis ins Fanatische hinein, aber auch sehr freundschaftlich und herzlich, doch nicht getragen von der Ichhaftigkeit europäischer Prägung, denn diese wird menschheitlich impulsiert und gestärkt von der Christus-Wesenheit, vom Christus-Impuls im Menschen-Ich. Das deutsche Wort Ich enthält eben auch die Anfangsbuchstaben des Namens **J**esus **Ch**ristus.

Natürlich besteht in der modernen, christlich geprägten Welt aber auch die Gefahr, im Einzelwesen, im Egoismus stecken zu bleiben. Das erleben wir heute mehr und mehr in unserem einseitigen Materialismus. Das „Ich bin" fühlt und erlebt sich jedoch erst vollständig und ganz, wenn es sich mit der ganzen Menschheit verbinden kann und zwar nicht nur in einem mehr platonischen, idealistischen Sinne, sondern konkret in jedem Einzelnen, im Menschenbruder, der mir begegnet. Leider ist dieses „Ich bin" bei vielen Zeitgenossen noch nicht genügend ins Bewusstsein getreten. Eher wirkt da noch das Ego, das Ich, das sich von allem getrennt empfindet und daher oftmals noch mehr die Masse sucht, worin es aufgehen kann, wie dies am Beispiel der Massenveranstaltungen im Sport oder in der Kultur recht leicht zu sehen ist. Doch das macht auf Dauer nicht zufrieden, wie auch nicht der immense Reichtum, den sich das „Ego" im Westen angeschafft hat. Vor diesem Hintergrund lässt sich nun sehr leicht verstehen, warum viele Menschen des Westens vermehrt in östlichen Geistesströmungen ihr Glück suchen, weil eben dort das Ego und der einseitige Materialismus zugunsten einer Geistkultur verneint werden. Und gegen die christlichen Kirchen hat sowieso bald jeder einen plausiblen Grund beziehungsweise eine Abneigung anzuführen, schon allein aus der Kirchengeschichte her; leider verpasst man dadurch aber einen existentiell wichtigen Zukunftsimpuls, ohne den die Menschheit nicht auskommen kann.

Der sich mühende und strebende Christ bleibt auf seinem Geistesweg eben nicht im Ich, im Subjektivismus oder im Materialismus stecken. Er erweitert sein Ich hin zum großen Ich, bis zum göttlichen Ich in Christus und erkennt sich dadurch als Bruder oder Schwester mit jedem Menschen in einem großen „Verbund" und er weiß, dass sein Ich-Streben und das der Menschheit in Einklang gebracht werden muss, damit das einzelne Ich eine Erfüllung findet – in sich und in der Welt.

Jeder ist seinem Nächsten Bruder oder Schwester, da wir alle Kinder eines Gottes sind. Mal sind wir der kleine Bruder, mal der ältere, je nach Kultur, Religion und Reife der Menschen, die uns begegnen. Wir dürfen in einem universell-christlichen Sinne alle Menschen annehmen und lieben lernen, denn dann schenken wir ihnen die Achtung und Würde, die sie für ihre Entwicklung brauchen.

Christus ist für alle Menschen gestorben. Sein kosmisches Geisteslicht, es dringt als eine geistige Sonnenkraft, als Weihnachtsereignis bis ins Innerste der Erde hinein und bringt zwischen den Jahren, in den sogenannten Rauhnächten, kosmische Sternenkräfte als Verjüngungs- und Durchlichtungsimpulse in das finstere Erdensein hinein. Und die Erde, sie prägt wiederum alle Menschen und wirkt, meist noch unbewusst, auf deren Gewohnheiten und Neigungen ein.

Der Mensch, der dieses kosmisch-irdische Geschehen miterleben will, muss seine Seele für das Christusjahr öffnen können. Denn Jahr um Jahr wachsend und sich steigernd, sich verstärkend, sich erweiternd und sich erhöhend, wird der Christusimpuls mehr und mehr in der Erdensphäre und dann auch im Menschen eine Wirklichkeit. Offene Religionen und Geistesströmungen spüren diesen Impuls auch ohne ein Namens-Christentum. Die keltischen Eingeweihten und Druiden nahmen nach der Zeitenwende diesen Christusimpuls im Erdenwesen wahr, da sich die Aura der Erde nach und durch Golgatha veränderte. Daraus entstand im frühen Mittelalter das iro-schottische Mönchstum, das noch vor den römisch-katholischen „Eroberern" West- und Mittel-Europa durchzog und wunderbare Geschichten und Taten hinterließ.

Auch der Buddhismus veränderte sein Gesicht sehr radikal. War bis zur Zeitenwende vor allem der Hinayana-Buddhismus bestimmend, also die Selbsterlösung und die Abkehr vom Rad des Schicksals, so nach Christi Erdenwirken mehr und mehr der Mahayana-Buddhismus, wodurch ein Erleuchteter sich so lange mit der Erd- und Menschenentwicklung verbinden will, bis auch die letzte Seele Erleuchtung gefunden hat. Und dies ist durchaus ein christliches Ideal. „Ich bin bei Euch, bis an das Ende der Welt."

Bei einem konsequenten Beschreiten eines buddhistischen Schulungsweges kommt es für jeden Strebenden irgendwann zu einem Kontakt mit der Christusenergie. Das durfte ich immer wieder feststellen, selbst im buddhistischen Asien bei manchen buddhistischen Mönchen in deren Ashrams.

Die Christusenergie, sie nimmt niemandem etwas weg. Sie achtet und bejaht alles, auch das sogenannte Heidnische, das die Kirchenfürsten oftmals verdammten. Übrigens hat Christus niemals Fürsten und Stellvertreter angestellt. Er will alle zur Nachfolge bewegen, wir dürfen ihm folgen. Christus erkennt alle Stufen des Menschseins an. Er bringt aber zu allem noch etwas Neues hinzu, nämlich die christliche Liebekraft, die tätige Liebe, die auch das Böse, die Feinde annehmen und lieben und dadurch wandeln und erlösen kann.

In Christus ist der Friede der Welt eine reale Vision, da er selbst als Geistwesen der Geist der ganzen Menschheit ist. Er ist das kosmische Wesen, das dazu bestimmt ist beziehungsweise hat Christus, das Lamm der Apokalypse, freiwillig die schwere Aufgabe angenommen, die Menschheit in ihrem Gang zu einem neuen Sonnensein, also zu einer Einheit der Gleichen und Freien, in geschwisterlicher Weise hinzuführen.

Die spirituelle Aufgabe Europas besteht in der Ausbildung eines freien und sich selbstbestimmenden Ichs. Dies ist möglich durch die Wirksamkeit des Christuswesens in und für Europa, als einem geographischen Gebiet, in dem der Gral beheimatet ist. In den Strömungen der Aufklärung, im deutschen Idealismus, in Namen wie Schiller, Goethe, Herder, Hegel, Schelling, Fichte und Novalis, in den bildenden Künsten und in der klassischen Musik eines Beethoven, Mozart und Wagner, in den zahlreichen Kathedralen und Kirchen, wie auch bei Rudolf Steiner, Joseph Beuys und vielen, vielen anderen weht sein Geist.

Doch auch vielfältige Angriffe auf Europa sind zu verzeichnen. Der Nationalsozialismus des Dritten Reiches hinterließ nicht nur materielle Trümmer, sondern vor allem auch ein geistiges Vakuum, weil er viele zuvor entstandene christliche Impulse vernichtet hatte. In den siebziger und achtziger Jahren nach dem zweiten Weltkrieg erstanden dann neue christliche Impulse in der Friedens-, Emanzipations- und Ökologiebewegung. Dagegen richtet sich wiederum eine zunehmende Kommerzialisierung und Ausbeutung des ganzen Lebens. Die spirituelle Kraft am Beginn des dritten Jahrtausends ist in Europa dadurch ziemlich schwach geworden. So entstehen aber Leerräume, die dann von anderen Religionen und Geistesströmungen eingenommen werden können. Scientologen, östliche Gurus, das New Age mit seiner Pseudo-Spiritualität, wo es oftmals nur um noch mehr Genuss und Glück für sich selbst geht, wie auch eine zunehmende fundamentalistische Islamisierung oder die Ideologie des neoliberalen Kapitalismus bedrängen die Werte einer gerechten, sozialen und freien menschlichen Welt. Andererseits bringt jede Begegnung mit dem Fremden und Andersartigen auch eine Auseinandersetzung mit dem Eigenen beziehungsweise sie fordert diese heraus. Manches kann bereichern, was zu uns stößt, anderes zieht runter, ist ein Rückschritt für die Ich-Entwicklung der Europäer.

Europa muss sich daher wieder mehr auf seine eigene Geistigkeit besinnen, sonst besteht die Gefahr, vom Fremden überschwemmt zu werden. Jedoch, ein Abschotten bringt auch nicht weiter. Die Inhalte der Aufklärung, des Idealismus und der Anthroposophie können ein Fundament bilden für eine fortschreitende christliche Geistesentwicklung in Europa, die jedoch nicht auf Europa beschränkt bleiben muss, denn dieser Geist ist universell. Doch auch der anthroposophische Impuls ist bis heute, selbst in den eigenen Reihen, sehr umkämpft und dadurch weitgehend blockiert, außer in einigen Reformbewegungen wie in der Landwirtschaft, in der Pädagogik und in der Medizin. Viele kleine Initiativen müssen hier enorm viel Kraftaufwand leisten, oftmals auch unter recht kargen Bedingungen. Eine ungeistige Zeit wird aber Folgen haben.

Ein einseitiges ökonomisches und bürokratisches Übergewicht, so wie dieses zum Beispiel im gescheiterten europäischen Verfassungsvertrag zum Vorschein kam, dennoch praktisch umgesetzt wird, lässt den sozialen Organismus einer Gesellschaft beziehungsweise einer Gemeinschaft krank werden. Dieses Übergewicht der Ökonomie ist jedoch nur ein Resultat, weil die geistigen Impulse schwach oder nicht genügend gefördert worden sind. Selbst Kirchenleute, die ein christliches Menschenbild vertreten und auf moralische Werte oder auf die Gefahren manch moderner Zivilisationserscheinungen hinweisen, werden deswegen in vielen Medien angegriffen. Man muss ja „offen und tolerant sein und alles zulassen". Die „moderne Welt", ein bisschen Multikulti, ein spiritueller Relativismus, alles soll erlaubt sein, was gefällt.

Das Wort Toleranz bedeutet vom Wortsinn her: Ertragen und Erdulden. Sicher ist das wichtig, doch braucht es auch eine Ehrlichkeit, um erkennen zu können, wann die Grenzen erreicht sind, wann die Zumutungen zu groß geworden sind. Hier gilt es vor allem eine Mitte zu finden zwischen zu viel Öffnung dem Fremden und Ungewohnten gegenüber und der Abschottung, dem Beharren auf eigenen Traditionen und Besitztümern. Das Gemeinwohl soll schließlich entscheiden, nicht irgendwelche Interessengruppen aus der Wirtschaft und damit einige Unternehmer oder Immobilienmakler, die davon profitieren. Zuviel Öffnung macht es kriminellen Gruppierungen wie der Mafia sehr leicht, die inzwischen aus vielen Ländern hier ihr Unwesen treiben und bringt zudem vielerorts eine Jugend ohne Halt und Heimat hervor. Zuviel Abschottung bedeutet dagegen eine Stagnation.

Gerade dicht besiedelte Länder brauchen klare und transparente Bestimmungen für Einwanderungen, denn die eigentliche Kulturaufgabe

Europas kann durch eine Überfremdung auch verwässert werden.

Die Ich-Entwicklung verkümmert in den niederen Beweggründen, wie auch im „Live-Style" aus Konsum und Vergnügen. Die menschlichen Werte der Freiheit, Gleichheit und Brüderlichkeit, wie sie die französische Revolution hervorgebracht hat, haben noch nicht wirklich ihre Wirkensbereiche in der gesellschaftlichen Ausgestaltung gefunden. So macht sich zunehmend ein Demokratiedefizit breit. Die „Eliten" und Herrscherkasten wollen über alle Köpfe hinweg gestalten und bestimmen, was meistens nur den Reichen und Herrschenden selber nützt. Volksabstimmungen, wie vor einigen Jahren in Frankreich und Holland und zuletzt in Irland, werden von den Europa-Bürokraten gerne stillschweigend übergangen. Das ist die Realität.

Die Menschheit schafft sich ihre Zukunft selbst, durch das Denken und Handeln von Heute. Eine drohende „Wolke" erscheint weltweit. Die Konflikte zwischen Staaten oder in Ländern, in denen noch politische Willkür und Unterdrückung herrschen, werden größer und mehr. Ein Kampf um die Ressourcen der Erde hat begonnen und viele Menschen leben immer noch so, als wäre der Energievorrat der Erde unbegrenzt. Die Klimaschwankungen nehmen zu, denn die Freiheit, für sich alles zu wollen, was das „Herz" oder besser der Bauch begehrt, hat seinen Preis.

Der Freiheitsgedanke, er ging von Europa aus und findet in vielen Menschen anderer Kulturen Nachahmer. Nicht nur der Wohlstand unserer Zivilisation zieht andere Menschen an, sondern auch das europäische Geistesgut. Daher haben wir auch eine Verantwortung dafür zu tragen, wie wir mit unserer Freiheit umgehen. Europa darf und soll vor allem seinen guten Geist, seine Spiritualität exportieren, nicht nur Waren. Auf die gelebten menschlichen Werte kommt es letztlich an.

Freiheit bedingt immer auch die Entscheidung, das Gute, Soziale und Wahre oder das Egoistische, Gemeine und Negative wählen zu können. Jedoch, das Alte, Falsche und Kranke, es droht an sich selbst zu erkranken und soll ja auch in der beginnenden Wassermannzeit untergehen und bläht sich deshalb noch einmal mächtig auf. Das Neue und Fortschrittliche, das in vielen kleinen Gruppen und einzelnen Initiativen vorhanden ist, in den sozialen, ökologischen und zivilgesellschaftlichen Bewegungen, es darf nämlich auch geprüft werden, damit es am Falschen und Überholten wachsen und stark werden kann.

Wir Menschen sind hierbei jedoch ziemlich auf uns alleine gestellt, allein gelassen, die Götter und hierarchischen Wesen halten sich zumeist heraus. Eine Selbstbestimmung wird eben ausgebildet, wenn man selber entscheiden lernt – aus eigener Einsicht heraus. Da können natürlich Fehler gemacht werden, von jedem. Doch wir sollten nicht aufhören zu lernen und daher immer wieder und erneut versuchen, das Gute und Menschliche zu stärken. Dabei dürfen und sollen persönliche Vorteile und Interessen zurückgestellt werden.

Das Fremdartige, das Andere und bisweilen auch das Falsche, das uns bedrängt, sie bringen uns letztlich in der Auseinandersetzung damit zu uns selbst, zu unseren eigenen Wurzeln und Motiven. Und so dürfen wir wieder lernen, das zu schätzen, was uns Freiheit, Bildung und Wohlstand beschert, nämlich unsere eigene christliche Kultur mit den Leitbildern für eine menschengemäße, gesunde und friedliche Zukunft.

Das esoterische Christentum ist eine „Religion" der inneren Erfahrung, nicht so sehr der äußeren Institutionen, wo oftmals Moral gelehrt, aber nicht gelebt wird. In diesen inneren Erfahrungen sind wir eben auch mit allen echten Erfahrungen, die in anderen Religionen gemacht werden, verbunden. Da gibt es keine Trennungen mehr. Eine Religion der Erfahrung verbindet, eine der Dogmen, Ideologien und Gesetze trennt.

Die konventionellen Religionen und Kirchen müssen sich folglich wandeln können, wenn sie eine gesunde Zukunft und eine spirituelle Kraft haben wollen. Die Exoterik und die Esoterik sollen sich dabei verbinden, das ist die Aufgabe, die das dritte Jahrtausend an alle stellt. These und Antithese, Innen und Außen, Oben und Unten, sie dürfen zusammenkommen in der Synthese, in einem dritten Prinzip, das alle Gegensätze und Trennungen verbinden und überwinden kann.

Die innere Seite des Religiösen, die Esoterik kennt keine Grenzen. Ein Austausch mit allem und allen wird möglich. Die Erfahrung, das Erleben der Liebe in sich und im Gegenüber ist ein esoterisches, also ein inneres Erlebnis. Die Liebe, sie gibt niemanden auf, sie sucht auch noch im Feinde das Gute, denn sie kann alles annehmen und sie kann alles durchdringen. Und so bleibt sie auch nicht nur im Religiösen beziehungsweise im Göttlichen verhaftet und gebunden, denn sie befruchtet die Kunst, wie auch die Wissenschaften, zu denen auch die Geisteswissenschaft, die Wissenschaft vom Geiste, die Anthroposophie zählt und sie kann sogar das Wirtschaftsleben durchpulsen, damit dieses sozialer und gerechter werden kann und sie kann den Menschenrechten zu neuem Glanz verhelfen und, und, und...

Doch wir sind frei, uns für die Liebe zu entscheiden. In ihr ist die Kraft, ist das Leben und ist der Geist zu finden, der Mensch und Welt miteinander versöhnen will und kann.

Neue Impulse für das Land

Die Liebe will nicht nur im Herzen geboren werden und dort verweilen. Sie will wachsen und hinausstreben in die Welt, wo sie sich, wie die Strahlen der Sonne, verschenken will und kann. Die christliche Liebe ist eine tätige Liebe, die vor nichts halt macht. Sie will bis in das Leben der Gesellschaft, bis zu den Mitmenschen und zu aller Kreatur heilend und erlösend einwirken.

Es bedarf also recht vieler Menschen, die ihr Leben der Liebe weihen, um die Menschheit retten zu können. Ja, wir können alle Menschen lieben, weil lieben nicht nur ein Gefühl oder eine Sympathie ist, sondern weil sie vor allem ein Wollen beinhaltet, nämlich, im Anderen das Gute sehen und dieses Gute für ihn zu wollen. Die Liebe achtet und ehrt das Gute und Wahrhaftige, das überall, wenn auch manchmal sehr versteckt, verhüllt oder ins Gegenteilige verkehrt, zu finden ist.

Jedoch, die Liebe ist niemals fertig, daher bedarf sie viel eher einer Entwicklung und Erhöhung. Von den verdorbenen und zersetzenden Seiten der Liebe, vom Hass, vom Neid, von der Wollust, vom Hochmut, vom Geiz, vom Zorn, vom Narzissmus und von der Trägheit und Gleichgültigkeit soll sich die Liebe lösen und allmählich, zunächst über den Eros, also über das Empfinden und Wahrnehmen der Schönheit, dann zu einer seelischen und herzlichen Liebe bis hin zu einer uneigennützigen Nächstenliebe und weiter bis zur Gottesliebe sich steigern können. Mit dieser reinen und selbstlosen Liebe können wir dann wandelnd und heilend in das Leben der Welt einwirken.

Wenn man jedoch in unseren Tagen das gesellschaftliche Leben betrachtet, kann man leider sehr viel anderes als das Gesunde, Gute und Liebevolle wahrnehmen. Konkurrenz und Wettbewerb bestimmen oftmals das soziale Klima; die Reichen werden reicher, ein einseitiger Kapitalismus macht sich breit bis hin zum wohlbekannten Raubtier-Kapitalismus, bei dem oder durch den die Anzahl der Armen mehr und oftmals noch ärmer werden. Die Wirklichkeit, in der wir leben, ist aber ein Resultat aus unserem vergangenen und gegenwärtigen Denken, Fühlen und Handeln. Die heutige Wirtschaft betont immer wieder den globalen Wettbewerb, dem wir uns stellen müssen mit allen Konsequenzen für die Arbeitswelt. Als ob dies ein Naturgesetz wäre, dem sich das Wirtschaftsleben beugen müsste. Nein, das Konkurrenzverhalten ist menschengemacht und kann deshalb auch nur von den Menschen überwunden werden.

Schon bei Kain und Abel im Alten Testament wird ein Gegeneinander, wird die Konkurrenz sichtbar. Naturwissenschaftlich findet dieses Verhalten bei Charles Darwin ein Gesetz im sogenannten Kampf ums Dasein, wo sich der Stärkere, der Schlauere oder der Anpassungsfähigere durchsetzt und anderes Leben verdrängt.

Dies wird heute schon den Kleinsten beigebracht als Maxime zum Überleben in der Welt. „Ohne Leistung, Bildung, Stärke und Fortschritt bist du nichts!"

So wird dieses Prinzip fasst in allen Lebenslagen angewandt und man braucht sich nicht zu wundern, wenn Ehen und Freundschaften zerbrechen, denn jeder muss sich ja selbst der Nächste sein, sonst hat man keine Chance auf Wohlstand und Wachstum. Ja, wenn nur noch der Kampf ums Dasein, wenn nur noch Konkurrenz und Wettbewerb herrschen, bleiben mit der Zeit immer mehr Schwächere übrig und immer weniger Stärkere, das ist ein mathematisches Gesetz. Und wie man gesellschaftlich beobachten kann, zerbröckelt allmählich die Mitte, die Extreme dagegen nehmen zu.

Wir sollten uns besinnen. Ist der Kampf ums Dasein wirklich schon alles oder gibt es nicht auch noch andere Prinzipien, die dem Menschlichen näher stehen?

Der Kampf ums Dasein ist ein Resultat des sogenannten Sündenfalls. Er zeigt die gefallene Natur, im Menschen, sowie im Tierreich und in der Natur. Die ursprüngliche und reine Natur findet sich im Paradies. Alle sind da mit allen in friedlicher Weise miteinander verbunden. Kein Tier frisst dort ein anderes auf. Eine vollkommene Symbiose wird sichtbar, wo jeder Teil für die Einheit und den Zusammenklang des Ganzen sorgt. Nur geschieht dies im Paradies noch unbewusst, die göttliche Einheit steuert alles noch mehr von „Außen". Der Mensch, als selbstbewusstes Wesen, soll aber diese Einheitskraft einmal in sich selbst verwirklichen können. Ein gewolltes und menschengemachtes Paradies darf sich daher zukünftig ausbilden.

Eine ökologische Wissenschaft entdeckt sodann auch immer mehr die Symbiose als eine wirkende Kraft in der Welt. Allein nur der Kampf ums Dasein wäre gar nicht möglich.

So auch nicht in der Gesellschaft. Viel ehrenamtliche und dienende Arbeit schafft einen gewissen Ausgleich zur Raffgier und dem „nicht genug Kriegen-können".

Sicher kommt hier sehr leicht das Argument, dass der Kommunismus, also das Teilen und staatliche Versorgen, gegenüber dem Kapitalismus versagt hat, denn im Kapitalismus brummt die Wirtschaft, es wird produziert und Wohlstand geschaffen. Natürlich braucht es zu schaffende Werte, es braucht Kapital, Vermögen und Besitz, auch für jeden Einzelnen, denn als Individuum will sich jeder gerne sein eigenes „Reich" erschaffen können. Doch was man nicht mehr für sich selbst braucht, was man übrig hat, das soll man teilen, denn sonst macht übermäßiger Besitz krank, er wird zur Last und zur Bürde. Im Kommunismus sollen alle am erwirtschafteten Kapital teilhaben können. Das ist ja auch nicht falsch.

So kann man hier recht leicht einsehen, dass eine Synthese von Kapitalismus und Kommunismus beziehungsweise mit dem Sozialismus die beste Lösung ist, nicht der Kampf oder die Polarisierung. Erst braucht es den Kapitalismus, wo jeder sich um Vermögen, um Arbeit und Bedürfnisbefriedigung bemüht, dann auch einen Kommunismus oder Sozialismus, der verteilen und für eine soziale Gerechtigkeit sorgen kann. Wenn beides zusammenkommt entsteht praktisch gesehen das „soziale Hauptgesetz", bei dem die Erträgnisse der Leistungen Einzelner der Gemeinschaft zugute kommen und wo die Gemeinschaft für die Bedürfnisse der Einzelnen sorgt. Dies fördert eine soziale Wahrnehmung und ein menschliches ein Miteinander.

Im dritten Jahrtausend, in dem wir leben, steht eben ein drittes Prinzip, steht zur These und Antithese die Synthese an, überall, also in allen Bereichen des Lebens, denn die Synthese kann verbinden und Einheit schaffen.

Doch dieses Teilen und Verschenken, wenn man etwas für sich erworben und erarbeitet hat, eben durch den Kapitalismus, ist ohne Liebe nicht möglich. Die tätige Liebe will schenken. Der Egoismus will alles für sich behalten. Die Liebe schenkt das Leben, der Egoismus bringt den Tod!

Heute sammelt sich ein enormer Reichtum bei immer weniger Menschen. Spekulationsgelder umkreisen den Globus und suchen Investitionsanlagen und Objekte, wo dieses Kapital noch mehr Gewinne einfahren kann. Dadurch wird die ganze Welt, einschließlich unserer Ernährungsgrundlagen, zum Spekulationsobjekt beziehungsweise zum Spielball oder auch zum Machtinstrument der vermögenden Menschen, die oftmals ohne eine sinnvolle Arbeit, ohne soziales Engagement und ohne echte Wertschöpfung durch bestimmte Geldanlagemöglichkeiten gewisser Finanzinstitute wie eine Art Parasitentum von der Arbeit, von der Wirtschaft und von den Dienstleistungen der Übrigen leben. Das ist krank beziehungsweise dies verursacht inzwischen globale Krankheiten, die sich in Kriegen, in vielen Ausgebeuteten und in sozialen Tragödien äußern und bis in das klimatische und meteorologische Geschehen der Erde hineinwirken. Auf der anderen Seite, wie viel Gutes könnte mit solchen Geldern bewirkt werden?

Geld ist Kapital, ist Energie. Wir bestimmen damit das Wohl und Wehe, auch für uns selbst. Wer viel Geld hat, hat auch viel Verantwortung für einen sinnvollen und gesunden Gebrauch. Nur es vermehren zu wollen, genügt nicht. Besitz verpflichtet! Arm sind die Menschen, die dem Geld verfallen sind, auch wenn sie materiell gesehen sehr reich sind.

Ein einseitiger Kapitalismus wie auch Kommunismus lässt eine Gesellschaft erkranken. Im Kapitalismus bildet jeder seine Fähigkeiten aus und erwirbt sich damit eine Anerkennung und ein Vermögen durch seine Leistung, durch seine Arbeit. Im Kommunismus schenkt jeder seine Erträgnisse aus den persönlichen Leistungen dem Wohle des Ganzen, der Gesellschaft beziehungsweise dem Staat. Der Staat, die Gemeinschaft kann dadurch wiederum seine Aufgaben erfüllen und er kann verschenken und verteilen, seinen Bewohnern, in dem er ihnen zum Beispiel ein Grundeinkommen, eine Existenzsicherung, Schulen, Verkehrsnetze, Infrastruktur und so weiter verschafft.

Ein bedingungsloses Grundeinkommen, wie dies heute vielerorts proklammiert wird, ist jedoch ein Geschenk, keine Gegenleistung muss dafür erbracht werden. Wir nähern uns darin wieder mehr „paradiesischen" Zuständen an, einem Schlaraffenland nicht unähnlich, überwinden somit die gefallene Natur, die durch den biblischen Fluch: „Im Schweiße deines Angesichts sollst du dein Brot verdienen ..." eine Ausdrucksweise gefunden hat. Diese Annäherung an das Paradies kann auch in uns geschehen, denn die Symbiose, wo einer für den Anderen da ist und arbeitet, wird durch unsere innere Einstellung zum Thema Geld und Arbeit vermehrt. Man arbeitet sodann nicht mehr nur für das Geld und die Anerkennung, für Status und Prestige, sondern aus Liebe, im Dienst für alle, für sich und die anderen. Durch ein Grundeinkommen, was einen ersten Schritt zur Entkoppelung von Arbeit und Einkommen bedeuten könnte, kann man sich in einer freigewählten Arbeit viel eher verschenken. Wenn nämlich alle Arbeit „ehrenamtlich" gemacht würde, also aus freien Stücken, aus dem Interesse für eine Sache und einem Impuls der uneigennützigen Liebe heraus, der Liebe zu den Mitmenschen, zur Erde und zu sich selbst, weil man hier auf dieser Erde am allerbesten seine individuellen Fähigkeiten ausbilden und einbringen kann, begänne eine soziale Gerechtigkeit und damit ein Frieden auf Erden. Das Reich Gottes auf Erden, es könnte Wirklichkeit werden, zumindest theoretisch, praktisch aber nur, wenn alle diesen Impuls vernehmen und umsetzen würden.

Jedoch, wir sind heute, realistisch gesehen, noch sehr weit davon entfernt und vieles, was heutige Politiker und Staatsmänner in althergebrachter Weise anvisieren, oder eben auch ein idealisierendes, bedingungsloses Grundeinkommen, geht in heutiger Zeit in die falsche oder zumindest in eine gefährliche Richtung und kann daher auch viel Unheil bringen. Ohne ein Denken des Zukünftigen in einem positiven Sinne, kann jedoch eine gesunde, soziale Welt keine Wirklichkeit werden.

So will ich im Weiteren die Idee eines Grundeinkommens als einen wichtigen und nachdenkenswerten Zukunftsimpuls betrachten, da diese Idee ein recht großes Potential innehat, die Menschheit in eine andere und gesündere Richtung bringen zu können. Jedoch sind damit auch Gefahren verbunden, wenn man zu schnell und nicht genügend durchdacht, quasi von „Oben" etwas einführen will, das der gesellschaftlichen Realität noch nicht angemessen ist.

Das Grundeinkommen wird zunehmend diskutiert, oft vehement abgelehnt oder als ein gesundendes Regulat für das gesellschaftliche Leben angesehen, das näher betrachtet, eine neue innere Einstellung, ein neues Denken verlangt, das unsere Gesellschaft verjüngen und verwandeln kann. Die Idee de Grundeinkommens, sie ist zum Beispiel auch religiös begründet, im Matthäus-Evangelium, Kapitel 20, im Gleichnis vom Weinberg zu finden.

Die Güte des Weinherren entscheidet, wie viel er den Arbeitern bezahlt; obwohl sie unterschiedlich lange arbeiten, bekommt jeder gleich viel ausbezahlt. Der Herr des Weinberges zahlt also nicht nach Leistung, sondern nach Bedarf. Und den hat ja ein jeder.

Das bedingungslose Grundeinkommen, durch das theoretisch gar nicht mehr gearbeitet werden muss, schafft ein Existenzminimum, niemand muss mehr betteln, stehlen oder andere ausbeuten. Es schützt somit die Würde des Menschen. Gesetze, wie zum Beispiel das Hartz 4 und die staatliche Verwaltung der arbeitslosen Menschen, blockieren dagegen meistens die freie Initiativkraft der betroffenen Menschen.

Jedoch sind die Menschen gegenüber neuen Ideen zunächst oftmals eher skeptisch eingestellt. Denn sie wollen nicht nur theoretisch verstehen, wie und dass ein Grundeinkommen funktionieren kann, dafür gibt es ja inzwischen auch verschiedene Modelle, das bedingungslose, das aktive oder das Bürgergeld und weitere. Die Menschen, sie wollen vor allem sehen, erleben und erfahren. Wenn man sieht, dass es funktioniert, ist der Weg offen und frei. So könnte eine stufenweise Einführung eines Grundeinkommens die Menschen erleben lassen und aufzeigen, dass es damit in die richtige Richtung geht. Irgendwann wird dann auch die Zeit kommen, wo man einsehen kann, dass es grundsätzlich besser ist, die Arbeit ganz vom Einkommen zu trennen.

Der Einzelne arbeitet für die Gemeinschaft. Er bringt seine Fähigkeiten in die Gemeinschaft ein und die Gemeinschaft gibt ihm die Geldmittel, die er braucht, um seinen Bedarf an materiellen Gütern zum Leben und zum Arbeiten befriedigen zu können. Im Kleinen, zum Beispiel in Familien, wird dies meistens schon so gehandhabt.

Inzwischen gibt es auch Initiativen, die mit Spendengeldern für ausgewählte Menschen ein Grundeinkommen ermöglichen; in manchen Staaten gibt es bereits Versuche, um die Auswirkungen daraus erforschen zu können. Da ergibt sich doch eine recht große Bandbreite, was die Menschen damit anfangen. In armen Ländern nutzen die Menschen das Geld eher zum Aufbau einer soliden Lebensgrundlage. Bei uns eher zum Ausspannen, Urlaub machen und zum Verwirklichen persönlicher Wünsche, für neue berufliche Ziele oder aber können sie damit gar nicht viel anfangen. Ein Allheilmittel ist es somit sicher nicht.

Wenn jedoch viele Menschen nicht mehr arbeiten würden, weil sie genügend Geld durch ein Grundeinkommen bekämen, funktioniert das bedingungslose Grundeinkommen sicher nicht, denn man kann nur etwas verteilen, wenn genügend erwirtschaftet und erarbeitet wurde oder man erschafft ein Geldsystem, das nur noch auf dem Schenkgeld beruht. Dafür gibt es auch heute schon sehr idealisitische Ansätze. Und wer weiß, vielleicht entwickelt sich ja die Menschheit dahin, dass sie gar kein Geld mehr braucht, weil dann alle ihre Arbeitskraft zum Wohle des Ganzen einbringen wollen. Dann hätten wir wahrhaft paradiesische Zustände. Doch die Realität sieht heute noch ganz anders aus.

So lassen sich natürlich auch immer Argumente anführen, die gegen ein Grundeinkommen sprechen und die auch angenommen und bedacht werden müssen. Der Anreiz zum Arbeiten darf daher auf keinen Fall geschmälert werden. Ein erstes Modell könnte zum Beispiel ein aktives Grundeinkommen sein, wo jeder etwa 1000.- Euro monatlich bekommt, er dafür aber eine freiwillige Arbeit von circa 50 Stunden im Monat verrichtet, wo er seine ganz eigenen Talente und Fähigkeiten in die Gemeinschaft, zum Beispiel in die Gemeinde, in die Stadt oder für das

Land einbringen kann.

Das Grundeinkommen kann ein wichtiger Schritt sein, um die Trennung von Arbeit und Einkommen einmal bewerkstelligen zu können. Die Leistung, die ein Mensch vollbringt, sie darf natürlich auch anerkannt und belohnt werden. Gute Produkte und Dienstleistungen haben ihren Wert und sollen auch honoriert werden.

Doch die Güte darf nicht verlorengehen gegenüber denen, die nicht die momentanen Erfolge aufweisen können in der Welt. Vielleicht haben diese auch ganz andere Aufgaben zu vollbringen und dafür muss man jedem eine Chance geben. Dies vermag eben ein Existenzminimum oder ein aktives Grundeinkommen, bei dem jeder seine Fähigkeiten und Begabungen freiwillig irgendwie und irgendwo einbringen kann und über dessen Höhe man natürlich streiten kann. Auf jeden Fall könnte man sich dadurch von vielen bürokratischen „Monstern" und einem unnötigen Verwaltungsaufwand verabschieden.

Die Verteilung des Wohlstandes einer Gemeinschaft an alle, auch an die Schwachen und Kranken, die unserer Hilfe bedürfen, ist ein menschliches Ziel, dem wir uns mit ganzer Kraft und Ausdauer nähern sollten – und dies in einem weltumfassenden Ausmaß. Jeder will doch lieber zu denen gehören, die einen großen Beitrag zum Ganzen leisten können, als zu denen, die auf Hilfe und Zuwendung seitens der Gemeinschaft angewiesen sind. Leistung lohnt sich daher immer, auch wenn das erarbeitete Vermögen nicht ausschließlich dem Egoismus zukommen kann, sondern durch entsprechende Regelungen eher dem Wohle des Ganzen dient. Dadurch bekommt man ja auch eine soziale Anerkennung und eine innere Befriedigung.

Natürlich kann ein Grundeinkommen aber auch einseitig nur genommen werden, ohne dass dafür etwas zurückgegeben wird. In einer Gesellschaft von Egoisten wird dies sehr leicht zu einem Problem. Kriminelle könnten dies ausnützen, Faule und die, die sich nur selbst ausleben wollen. So ist das Grundeinkommen allein sicherlich noch kein Heilmittel für einen gesellschaftlichen Fortschritt. Daher kann man sich die Frage stellen, ob es wirklich sinnvoll ist, wenn man hauptsächlich die Leistung, also das Einkommen aus der Arbeit versteuert. Wäre es nicht sinnvoller, die Ausgaben, also den Verbrauch zu besteuern, weil da die Umwelt viel stärker belastet wird. Wer viel verbraucht und braucht, soll auch viel Steuern bezahlen. Das erhöht die Gerechtigkeit. Und so gibt es noch weitere Gesichtspunkte, die einen dringend notwendigen gesellschaftlichen Wandel herbeiführen können.

Auch kann die persönliche Abhängigkeit vom Staat durch ein garantiertes Grundeinkommen erhöht sein. Der Einheitsstaat, der alle Aufgaben innerhalb einer Gesellschaft übernehmen will, macht die Menschen damit nicht selbstständiger und freier. So kann ein bedingungsloses Grundeinkommen, das der Staat gewähren soll, kontraproduktiv für einen dreigegliederten sozialen Organismus sein, der erst wirklich viele Probleme, die sich in der heutigen Gesellschaft angehäuft haben, lösen kann. Dieser soziale Organismus gliedert sich ja in die Bereiche des Geistes- und Kulturlebens, in das Rechts- und Staatsleben und in das Wirtschaftsleben.

Das gesellschaftliche Geistesleben beziehungsweise unser Kulturleben besteht dann wiederum aus drei Bereichen, nämlich der Wissenschaft, der Kunst und der Religion.

In der Kunst lebt der kreative, der schöpferische Geist. Dieser kann sehr leicht zum Selbstzweck verkommen oder nur noch dem Mammon dienen, wie zum Beispiel in der Werbung. Die Wissenschaften können die Menschheit durch neue Erkenntnisse und Forschungen weiterbringen, aber auch bedrohen, wenn sie in gefährliche und zerstörerische Bereiche und Energien eindringen, wie in die Gen-Manipulation, in die Kernspaltung und in die Ausbeutung der Erde. Die Religionen streben das Gute im Menschen an. Ohne das Gute, ohne moralische Werte kann es keine gesunde Kultur geben. Ja, der moralische Geist ist unser wirkliches Kapital, weil er gesundend und ausgleichend und die Zeiten überdauernd wirken kann.

Mit dem Gehirn machen wir Entdeckungen und Erfindungen, doch allein das Gehirndenken, ohne moralische Werte und Kräfte, macht das Leben mit der Zeit immer automatenhafter. Der Mensch wird dann nur noch als Kostenfaktor und ähnlichem gesehen. Mit dem Herzen schaffen wir Wohlstand für alle. Der heutige Wohlstand in unserer Gesellschaft beruht ja auch auf dem Erbe aus früheren Zeiten, zum Beispiel aus Bismark´s Sozialversicherungen oder den caritativen Impulsen der Kirchen, den humanistischen Werten der Aufklärung und den demokratisch gewählten Regierungen. Natürlich auch durch den technischen Fortschritt. Doch das intellektuelle Gehirndenken allein, schafft nur Maschinenhaftes, schafft Automaten. Immer größere Anteile nimmt das Technische und Atomatenhafte, vor allem in den elektronischen Medien in unserem Leben ein. Die Menschen sitzen lange Zeiten nur noch vor den Bildschirmen und merken kaum mehr, dass sie dadurch abgestumpfter, ausgelaugter, seelisch kälter und aggressiver, manchmal auch brutaler werden. Das Menschliche geht dadurch mehr und mehr verloren. Einsamkeit, Isolation, Schlaf- und Energielosigkeit und Depressionen nehmen zu.

Ohne Herzenskräfte gerät unsere Kultur in eine Sackgasse, in den Abgrund hinein. Der Wille zur Brüderlichkeit, zur Solidarität, zum Sozialen schlechthin, muss daher wachsen. Heutige Manager benehmen sich oftmals schon wie lebende Automaten: kalt, berechnend und unsozial. Eine Verkümmerung des Menschlichen wird sichtbar. Die Herzenskraft ist jedoch unser größtes Vermögen, denn sie lässt gesunden und uns ganzer werden. Nicht nur äußerer Reichtum ist wichtig, sondern vor allem der des Inneren. Da liegt der Schatz für unsere Zukunft. Er will gesucht und emporgehoben werden.

Das Kulturleben einer Gesellschaft unterliegt dem Prinzip der Freiheit, damit eben auch dem persönlichen Willen, was Fragen der Religion, der Kunst oder der Wissenschaften betrifft. Das Rechtsleben im Staate, wie auch im Privaten, soll vom Gleichheitsprinzip durchdrungen sein. Vor dem Gesetz sind alle gleich oder sollten es zumindest sein! Und das Wirtschaftsleben hat dem Geist der Brüderlichkeit beziehungsweise der Geschwisterlichkeit, also einem sozialen und solidarischen Prinzip zu dienen. Die Brüderlichkeit im Wirtschaftsleben, also im Bedürfnisleben der Menschen, bewirkt das Gute beziehungsweise es soll Ausdruck des Guten sein.

So darf folglich auch das religiöse Leben in Freiheit gestärkt werden, denn daraus entspringen die Impulse für ein Handeln, das dem Anderen, dem Mitmenschen dient. Die goldene Regel für das Wohl aller lautet bekanntlich: „Was du willst, das dir getan wird beziehungsweise was dir zustehen soll, das tue zuvor anderen beziehungsweise schaue, dass es der andere bekommt".

Ein soziales Handeln will erstehen. Der soziale Mensch soll sich entwickeln können. Dafür braucht es auch gesellschaftliche Rahmenbedingungen. In einem System des Wettbewerbs, des Konkurrenzdenkens und des Ellenbogenprinzips wird dieses Soziale mit den Füßen getreten. Doch ohne dieses geht es nicht weiter in einem positiven und gesunden Sinne. So heute auch nicht ohne ehrenamtliche Tätigkeiten.

Wie frei könnten wir doch alle sein, wenn wir nicht mehr fürs Geld arbeiten müssten, sondern zum Wohle des Ganzen. Ehrenamt erfüllt, macht Sinn und meistens auch Spaß, warum nicht auch eine Arbeit, die getan werden muss, damit die Notwendigkeiten und Aufgaben in einer Gesellschaft erledigt werden können?

Dies ist keine Frage des Geldes, sondern des Denkens und der inneren Einstellung. Buddhistische Mönche sah ich einmal schwere Arbeit verrichten, jedoch mit einer Leichtigkeit, mit Freude und Humor, wie ich dies im Westen noch nie gesehen hatte. Und die bekamen sicher kein Geld für ihre Arbeit.

Humanistische Werte in der Gesellschaft und das Streben der Menschen nach geistigen Wahrheiten lassen eine Gemeinschaft gesunden. Jede Hochkultur brachte auch Wohlstand hervor, jede Tyrannei oder jedes System, das die Menschen ausbeutet und nur ein paar Herrschenden zu Reichtum verhilft, wird über kurz oder lang zugrunde gehen. Das hat die Geschichte immer wieder gezeigt.

Leistungsdruck, Macht- und Geldhunger, Egoismus und Materialismus im Arbeits- und Geschäftsleben, Konsum und Vergnügungen als Hauptziele in der Freizeit und so weiter, lassen das soziale Klima erkalten, die Kultur verdummen und die menschlichen Werte verrohen. Hier tobt ein mächtiger Kampf. Ein Kulturstreit ist entfacht, nicht so sehr zwischen Religionen, Kulturen und Nationen, sondern zwischen verschiedenen Lebensweisen. Der sogenannte „American way of live" beziehungsweise der moderne „Live-Style", wo jeder nur mehr das tut, was ihm Spaß macht oder wo er einen Nützlichkeitswert für sich selbst entdeckt, steht einem Leben der Selbsterziehung, nach sozialer Gerechtigkeit und nach einem spirituell-geistigem Fortschritt gegenüber.

Die Verlockungen zum Selbstgenuss, zum Egoismus und zum schönen Schein sind sehr groß. Die Zahl der Menschen, die sich nicht mehr für Religion, Philosophie, Politik, einer menschlichen Kultur und inneren Werten interessieren wird größer. Der Sport und das Freizeitvergnügen ist hier oftmals das Wichtigste; Geld lässt man für sich arbeiten, ohne zu schauen, ob es sinnvoll angelegt ist, hauptsache die Rendite steigt. Ein kultureller Verfall zeigt sich zunehmend auch in den flachen Fernsehprogrammen, wo oftmals nur noch Gewalt, Nervenkitzel, Show, Unterhaltung, Sex und Erotik zählen.

Die kulturell Kreativen wachsen zwar auch an Zahl, aber es macht sich auch eine gewisse Lähmung breit, weil man immer wieder feststellen muss, dass die Politik über die Köpfe der Menschen Entscheidungen trifft, die nichts Gutes bewirken können und wodurch man sich mehr und mehr ohnmächtig fühlt. Dies oftmals zum Beispiel bei den vielen Freihandelsabkommen und militärischen Beteiligungen an Kriegen, wo es meist nur um Rohstoffe, also um Geld oder geostrategische Interessen geht.

Was nützen denn die besten Ideen und Zukunftsvisionen, wenn sie niemand hören will? Doch gibt es keine stärkere Kraft als ein Idee, deren Zeit gekommen ist! Wir Menschen lernen eben durch Einsicht oder durch Katastrophen! Diese müssen dann zur Einsicht zwingen.

Wagen wir mehr Demokratie, zum Beispiel durch eine gut durchdachte Volksgesetzgebung und durch Volksentscheide oder überlassen wir alles den Politikern, die immer mehr zu Handlangern der Großkonzerne, der Finanzmogule beziehungsweise des neoliberalen Ungeistes verkommen?

Ich hoffe, die Menschen lernen durch Einsicht. Die Not ist an vielen Orten schon groß genug, um umdenken zu können. Oder brauchen wir noch mehr Leid?

Die Freiheit des Menschen berechtigt ihn, alles zu wählen, was er für sich wünscht. Doch er hat dafür auch die Konsequenzen zu tragen. Er muss Verantwortung übernehmen, ob er sich dessen bewusst ist oder auch nicht. Die Rechnung für unser Denken, Tun und Lassen bekommen wir serviert, das ist nur eine Frage der Zeit. Auch wenn dies erst im Kamaloka, also im Fegefeuer geschehen sollte oder in einem zukünftigen Leben, in einer späteren Inkarnation, wo wir dann alles wieder ausgleichen und gutmachen müssen. Das, was wir säen, werden wir ernten. Machen wir uns dies bewusst!

Natürlich wirft ein Grundeinkommen viele Fragen auf, die ins Detail gehen, zum Beispiel wer es bekommt, ob auch die ausländischen Menschen, die hier arbeiten oder nur deutsche Staatsbürger, wie viel für Kinder und alte Menschen gezahlt werden soll, woher das Geld genommen wird und so weiter. Inzwischen gibt es verschiedene Modelle, die alle aber gewisse Vor- und Nachteile haben, das ist gar keine Frage. Der Teufel sitzt ja bekanntlich im Detail.

Soll ein Grundeinkommen tatsächlich verfassungsmäßig garantiert werden und allen zukommen oder ist es nicht eher nur für die gedacht, die dessen bedürfen, wie den Kindern, Kranken, Arbeitslosen und Rentnern, die nicht genügend am Wirtschaftsleben teilnehmen können?

Ein Existenzminimum soll ja nicht die Faulheit und den Egoismus der Bürger noch mehr fördern, das wäre kontraproduktiv. Daher darf es nicht zu hoch festgelegt werden, um nicht den Anreiz zum Arbeiten zu gefährden, doch es soll und kann die Freiheit und die Würde des Einzelnen vor allzu großer wirtschaftlicher und staatlicher Gängelung bewahren helfen.

Da sind also noch viele Hürden und Hindernisse, vor allem im Denken und in der inneren Einstellung vieler Zeitgenossen zu überwinden, bevor hier praktikable Lösungen gefunden werden können. Diese konnte ich hier leider nur sehr kurz anreissen, denn sonst würde der Umfang dieses Kapitels gesprengt werden, zu weit führen und zu sehr ins Detail gehen, wo hier eben nur Anregungen gegeben werden sollen, die jeder für sich weiterdenken kann.

Der Weg und das Beschäftigen mit dem Grundeinkommen, bedingungslos oder aktiv, wie auch mit dem Bürgergeld, zielt jedoch auf mehr Menschlichkeit und federt die sozialen Ungerechtigkeiten ab, wie das Arm-Reich-Gefälle, das heute zu weit auseinander getriffet ist. Doch das Grundeinkommen ist kein Allheilmittel, schon gar nicht das bedingungslose, das die Menschen, die man für die Wirtschaft nicht mehr braucht, mit einem „Almosen" abspeisen kann.

Die bewusstseinsmäßige Auseinandersetzung mit den Fragen Geld, Grund und Boden, Eigentum, Steuergerechtigkeit, Krankheit der Erde im Klima, im Wasser, in der Luft, der Raubbau-Kapitalismus und die Technisierung alles Natürlichen, der Einheitsstaat und die soziale Dreigliederung, die Digitalisierung und die Zukunft der Arbeit, die demographische Entwicklung, die Flüchtlingsbewegungen, Kriege und Militarisierung und vielem mehr, werden uns weiterhin beschäftigen. Da ist das Thema Grundeinkommen letztlich nur ein sehr kleiner Beitrag zum Gelingen einer förderlichen Zukunft für Erde und Mensch. Aber es hat die Kraft in sich, der Übermacht aus der Wirtschaft, die heute alle anderen Bereiche des gesellschaftlichen Lebens dominieren will, etwas entgegensetzen zu können, wenn man dazu den Sinn und den Wert eines menschengemäßen Geld- und Wirtschaftssystem mitberücksichtigen will. Denn Maßregelungen, Dumpinglöhne und die Angstmacherei um Arbeitsplätze wären passe, wenn der Mensch nicht mehr arbeiten muss, um überleben zu können, sondern wenn er arbeiten will, um sich und der Gemeinschaft einen Dienst erweisen zu können.

Selbstbestimmung, auch im Arbeitsleben, das ist eine Erfordernis, die der freie und mündige Mensch sich selber zugestehen muss.

Schlusswort oder:
„Wie werde ich ein guter Mensch?"

Das menschliche Ich, die Persönlichkeit, soll dem Hohen, soll dem höheren Ich dienen lernen. Manchmal heißt es ja noch in bestimmten esoterischen Schulen, das Ich oder Ego müsste sterben, damit sich die Seele mit dem hohen Selbst vereinen kann. Das gilt jedoch für die heutigen Menschen in unserer Zivilisation nicht mehr. Das Ich, es muss sich häuten und wandeln, es muss durch Niederungen und Leiden hindurch, bis es diese überwinden und dadurch allmählich selbstlos werden kann, damit es in der Seele einen Raum schaffen kann für das Hohe, für die Kräfte und Mächte des Geistes, wie der Freude, der Liebe, der Wahrheit, der Schönheit, der Güte und dem Guten. In diesen Kräften beginnt die Persönlichkeit zu leben und zu wirken in und aus der Göttlichkeit selbst.

In jungen Jahren soll sich der Mensch zu einer starken und selbstbewussten Persönlichkeit hinentwickeln können. Mit zunehmendem Alter darf sich diese „wachsende" Persönlichkeit einer Aufgabe und einem höheren Ziel unterstellen, sie soll dienen lernen. Und irgendwann soll sie im Laufe des Lebens im Göttlichen aufgehen, sie darf dann immer mehr vom Göttlichen durchdrungen sein. Durch ein Leben, in dem die moralische Intuition, das Einfühlen und Einleben in die Kräfte des Geistes eine Verbindung mit dem Hohen schafft, auch durch die Hingabe, Demut und Gnade, wird die Persönlichkeit und das Selbst immer mehr eins, das heißt, die Persönlichkeit wird wie zu einer „Maske", durch die das innere Wesen hindurchtönen kann.

Der Mensch strebt von unten, die Gnade waltet von oben. Beide müssen zusammen kommen, damit eine Heilung geschieht. Ohne eine Bemühung des Menschen geht nichts, doch ohne Gnade, ohne Hilfe von oben auch nicht.

Die Persönlichkeit kann sich mittels der moralischen Intuition den höheren Welten und Wesen hingeben lernen und die Resultate und Impulse daraus versuchen, im Leben umzusetzen. In der moralischen Intuition, in einem tugendhaften Einleben und Einssein mit den höheren Kräften empfangen wir die Impulse des lebendigen Geistes. Daraus schöpfen wir Ideen, Kräfte und eine Zuversicht und impulsieren uns dadurch selbst immer wieder neu.

Wir müssen für uns und für alle anderen auch, immer das Beste wollen.

Dies geschieht, wenn wir Liebe schenken und dann auch empfangen dürfen. Das Maß für die Tiefe einer Seele zeigt sich darin, wie viel Liebe sie empfangen und weiterschenken kann. Die geistige Individualität des Menschen, sie ist in der Kraft der Liebe mit dem ganzen Kosmos verbunden und will sich im Menschen eine Wohnung bereiten.

Christus kann im Herzen den Egoismus entfernen und die Liebe wieder herstellen, wenn der Mensch ein unbedingtes Ja zur Liebe äußern, wenn er die Liebe lieben kann. Dies aber nicht nur für sich. Den Partner, den Mitmenschen annehmen und lieben lernen, mit allen Unvollkommenheiten und Schwächen, heißt auch, Christus, den Erlöser annehmen. Lieben heißt aushalten, tragen, heilen und retten.

Wenn die Persönlichkeit beziehungsweise das niedere Ich sich mit dem hohen Ich, mit und in der Kraft der Liebe vereinigt, entsteht mit der Zeit ein innerer Friede und darin findet der Mensch erst eine Einheit und eine Verbundenheit mit allem und damit seine wahre geistige Heimat. Die Einsamkeit und die Getrenntheitsgefühle von der Welt sind darin überwunden. Mit allem eins zu sein, heißt auch mit dem All eins zu sein.

Lassen wir das Höhere zu und lassen wir das Niedere, das Niederziehende und Krankmachende los, weil es uns nichts mehr bringt, weil wir es als nichtig und wertlos erkennen, so gehen wir den Weg der Harmonie, des Friedens und der Einzigartigkeit unseres Wesens. Denn das hohe Selbst, das zwar mit allem verbunden ist in seiner universellen Substanz, es ist jedoch auch mit einzigartigen Fähigkeiten und Talenten ausgestattet, die ihm Gott mitgegeben hat und die zudem in vielen früheren Inkarnationen im Erdensein errungen wurden, so dass es keine Individualität ein zweites Mal mehr gibt im weiten Weltenall. Doch alle Selbste, wenn sie auch einzigartig sind, können im Kosmos eine gemeinsame Melodie spielen lernen, jedes auf seine Weise mit seinen Möglichkeiten, wie in einem großen Orchester, in dem jeder Musiker sein eigenes Instrument spielen darf und doch einen Beitrag zum Erfüllen eines großen Werkes leisten kann.

Durch das Selbst und im Selbst hat jeder Mensch eine Würde, eine Einmaligkeit und eine Kraft, um die Fehler und Leiden, ja selbst den Tod überwinden zu können - und dies vor allem, wenn sich dieses Selbst dem großen Todüberwinder zuneigen kann.

In Christus findet das Selbst, findet das hohe Ich seine Wurzel, seine Heimat und auch seinen Platz auf der Erde. Im hohen Selbst, das in Christus urständet, ist der Keim, ist der Weg und ist das Ziel vorgegeben, das dem Menschen eine Selbstachtung, ein Verantwortungsbewusstsein und die nötigen Kräfte zur Verwirklichung seiner Potentiale im irdischen Leben schenkt.

Heilen und retten wir uns darin selbst, so dienen wir auch der Welt und tragen zu ihrem Heil etwas bei. Wir dürfen der Welt unsere seelischen Tugenden, unsere Arbeit und Liebe schenken, damit sie ein wenig mehr in Schönheit, in Gerechtigkeit und in Frieden erblühen kann.

Sicherlich, solche Gedanken bilden einen weiten Zukunftswurf, weil es eben gar nicht so einfach ist, dieses hohe Selbst in sich zu erspüren, geschweige denn, sich damit zu vereinen. In einer späteren Kultur-Epoche wird dies für viele Menschen möglich werden. Heute muss dies aber schon vorbereitet beziehungsweise gewollt sein, damit die Weichen gestellt werden für ein zukünftiges Sein. Denn wer das Ziel nicht kennt, kann den Weg nicht finden. So hoffe ich doch, dass der geneigte Leser hier einige Anregungen finden konnte, die ihm ein Stück weit Orientierung und Hilfe sein können, auf dass wir alle unsere Mängel und Einseitigkeiten nicht als etwas Schlechtes aburteilen, denn sie sind die Bausteine, mit denen wir in heutiger Zeit das Haus der Zukunft aufbauen können, wenn sie angenommen, geliebt und verwandelt, das heißt veredelt worden sind.

Die Mängel und Einseitigkeiten, sie sollen den Menschen nicht beherrschen; an ihnen dürfen wir wachsen und uns weiterentwickeln, hin zu einem guten, zumindest aber zu einem besseren Menschen als der wir heute noch sind.

Drei Bereiche können in unser Selenleben einwirken, das Unterbewusste, das Bewusste und die überbewusste, die geistige Welt. Meist werden wir jedoch vom Unterbewussten bedrängt und gesteuert. Emotionen, Aggressionen, Depressionen, Wünsche, Begehrungen und die vielfältigsten Elementarkräfte bestimmen oftmals unser Seelenleben. Jeder möge sich nur einmal selbst beobachten und dann erkennen, wieviel Handlungen, Entscheidungen und Seelenvorgänge wirklich ichhaft und bewusst vollzogen werden und wieviel doch nur aufsteigt aus dem Dunkel des Unbewussten und unser Verhalten beeinflusst.

Für ein bewusstes Leben, das sich dem Überbewussten, dem Geistigen öffnen will, wird es immer wichtiger, zunächst auch das Unterbewusste erkennen, handhaben und wandeln zu können. Das sagt sich jedoch meistens leichter als getan. Ein Zornesausbruch als Beispiel, muss erst einmal beherrscht werden. Man muss dann den „Deckel" auch zumachen können, das heißt, die elementaren Kräfte immer wieder im Zaum halten, aber ohne sie zu verdrängen. Doch ohne ein Zurückdrängen finden wir nicht zum Höheren, zum Ich bin, denn diese elementaren Kräfte können überrumpeln und die Seele so vereinnahmen, dass kein bewusster und höherer Impuls sich mehr dagegenstellen oder gar einströmen kann.

Diese Ichkraft, dieses Ich bin, das aus dem Dunkel der Emotionen und Begehrungen herausragen und diese ordnen und besänftigen kann, finden wir vor allem durch einen Denkwillen: wir wollen und denken das „Ich bin" und erleben es dann auch als ein Sein, das in sich selbst ruht und ist.

Nicht irgendwelche Gefühle, Emotionen, Vorstellungen und Gedanken sollen in der meditativen Betrachtung das Seelische vereinnahmen. Nur noch das reine Denken, die reine Aufmerksamkeit und Achtsamkeit, die übrig bleibt, wenn alle Gedanken und Vorstellungen losgelassen sind, darf in der Seele gehalten beziehungsweise diesen darf Raum gegeben sein. In diesem reinen Denken, ohne Gedanken, haben wir eine Kraft, in der wir frei sind, vom Ich aus sich für bestimmte Inhalte oder neue Seelenerfahrungen entscheiden zu können.

Im reinen Denken ohne Gedankeninhalte kann sich die Seele über das Physische und Subjektive erheben, hin zur Peripherie, zum Umkreis. Das Denken wird so zu einem tastenden Organ, das keine Grenzen hat. Diese setzen wir immer nur selbst. Doch dabei muss man selbst Beobachtender bleiben können, das heißt, das Bewusstsein geht mit dem Denken mit. Ein denkendes Denken, ein sich selbst beobachtendes Denken kann die Denkprozesse verfolgen, auch wenn der Raum des Denkens sich weitet. Man kommt dadurch von einem Gehirndenken, das die Gedanken und Vorstellungen spiegelt, hin zu einem Raum- oder Ätherdenken, denn das Denken ist selbst eine ätherische Kraft, eine Metamorphose der Lebenskraft. So kann man mit dem denkenden, tastenden und anschauenden Denken selbst in das Ätherische, in das Lebendige eintauchen beziehungsweise man ist darinnen. Deshalb sind Denk- und Wahrnehmungs-Übungen in und an der Natur auch sehr hilfreich für das Ausbilden eines lebendigen Denkens.

In der Achtsamkeit, im reinen Bewusstsein, in der Stille der Seele erlebt man das ätherische Strömen, das rhythmische Pulsen, das Durchströmen, das Durchlichten des Lebens im bewussten Wachen. Man ist dabei nicht in Trance, in einer sogenannten Tiefenentspannung oder in einem herabgedämpften Bewusstsein, sondern gerade in einem überwachen, klaren Geist, der aber nicht mehr an mein kleines, irdisches Ich gebunden ist, da er als frei und unbegrenzt erlebt werden kann. Im reinen

Denken erlebe ich mich als freies und ewiges Wesen.

In ähnlicher Weise kann auch eine seelische Hinwendung zum reinen Fühlen geschehen, wenn alle subjektiven Gefühle weggelassen werden und wir uns erweitern zu einem Fühlen im All und dann weiter zu einem reinen Willen, zum Weltenwillen hingelangen, wenn alle persönlichen Willensregungen schweigen. Dadurch wird es möglich, in den unendlichen Raum, in die Peripherie auszufließen, sich dafür zu öffnen, doch zugleich eine Zentriertheit zu bewahren im sich selbst beobachtenden und anschauenden „Ich bin". Goethe nannte diese Vorgehensweise, eine anschauende Urteilskraft zu entwickeln.

Dadurch kommt das Zentrum, der Punkt, das Subjekt und der Umkreis, das Objektive in eine Beziehung. Das Weltendenken, das Weltenfühlen und der Weltenwille, sie werden auch in mir sein, wenn der Punkt, wenn das Ich, das sich leer gemacht hat von allen subjektiven Regungen und der Umkreis, die Kräfte der wirkenden Welt, miteinander korrespondieren oder sich gar verschmelzen. Das „Ich bin" und das „Ich bin das All" werden hierin eins.

Dies wird hier als eine geistige Übung verstanden, die uns immer freier und erfüllter machen kann. Der Westmensch sucht nicht nur die Leere, in der er verweilen kann, denn sie ist ihm nur ein Durchgang zum Ganzen, denn Gott ist die Fülle, darin alles und jeder seinen Platz finden darf.

Mit der Zeit lernen wir so, mit diesem Denkwillen die eigenen Vorstellungen und Gedankenwelten immer bewusster wahrzunehmen und zu lenken. Ich bestimme in meinem Alltag mehr und mehr, mit was für Inhalten sich mein Denken und Fühlen füllen soll - mit den Inhalten des Überseelischen, des Überbewussten oder des Unterbewussten.

Wir entscheiden uns für das Gute, wenn wir die geistige Welt, die moralische Welt, wenn wir moralischen Kräfte denken, fühlen und wollen. Wir dürfen uns dem Guten hingeben, es hereinnehmen, es in uns im Geiste wie als eine zarte Pflanze wahrnehmen, es pflegen, üben und gedeihen lassen.

Das Alte, das Negative ist im Unterbewusstsein natürlich immer noch vorhanden. Es darf auch nicht verdrängt oder bekämpft werden, sondern anschauen und akzeptieren sollen wir es, zum Beispiel den Zorn oder den Ärger, der uns in bestimmten Situationen immer wieder überkommt. Doch daneben dürfen wir das neue „Pflänzchen" stellen und dahin unsere Aufmerksamkeit lenken. Neben dem Zorn und Ärger die Güte und Liebe, neben dem Neid und der Gier das Wohlwollen und die

Bescheidenheit und so weiter. Unsere Energie schenken wir bewusst und willenshaft dem Guten. Je mehr das Gute wächst, um so mehr wird das Unvollkommene kleiner - es gibt seine Energie dem Guten ab. Das ist eine Transformation beziehungsweise eine Metamorphose zum Guten hin, eine Alchymie, die nichts ausklammert, die das Unedle und Gemeine annimmt und es hinführen will zum Reinen, Edlen und Guten.

Wir brauchen also nicht vom Unvollkommenen Abstand nehmen, es verdrängen oder leugnen, also besser sein zu wollen, als wir in Wirklichkeit sind. Ja, wir dürfen immer auch dankbar sein, für das, wie und was wir geworden sind, denn es ist unser Material, mit dem wir arbeiten, aus dem wir die Energie und Kraft beziehen für den Weg zum Guten hin. So braucht man auch niemandem nachtragend sein oder ihn verurteilen, weil man zum Beispiel keine so gute Kindheit erlebt hat oder ähnliches. Das Leben, so wie es geworden ist, es ist gut. Wir dürfen es annehmen und versuchen, es zu etwas Besserem umzuwandeln und neu zu gestalten. Diese Kraft zur Transformation ist immer und in jedem Augenblick in unsere Freiheit gestellt und mitgegeben. Wir sollen allmählich ja selbst immer mehr zum Schöpfer unseres eigenen Lebens werden und uns nicht nur als Opfer empfinden, weil uns die Welt peinigt und bestimmt.

Die Welt, wie alle Kreatur, sie ruft den Menschen auf, sie anzunehmen und zu verwandeln, damit sie im Geiste des Christuswesens, im Geiste der Freiheit und der Liebe zu einem neuen Dasein, zu einem erlösten und vollkommenen Leben hingeführt werden kann.

Dies ist unser Auftrag, die große Wandlung und Transformation, die Metamorphose des Lebens selbst, jeder für sich und jeder für jeden in der Welt, damit alle Kreatur, alles was gefallen ist, wieder eine Chance erhält, um in die Reiche des Geistes, um in eine positive Zukunft gelangen zu können. Jeder hat hier seinen eigenen Weg, seinen Ort und seine Möglichkeiten. Die Wesen, Kräfte und Tugenden aus den Himmelswelten stehen uns dazu immer bei.

In diesem Sinne verbleibt mir nur noch, dem geneigten Leser mein Dankeschön für sein Interesse und Wohlwollen auszusprechen und ihm viel Kraft und Gottes Segen für seinen Lebensweg zu wünschen.

Freiburg, im Sommer 2008, ergänzt und überarbeitet im Frühjahr 2019

Franz Weber

Literaturverzeichnis:

Wilhard und Kristin Becker: Füreinander begabt - Festhalten und
                              Loslassen in der Ehe
Marielu Altschüler: Partner Previer
Omraam Mikhael Aivanhov: Die himmlische Stadt- Kommentare zur
                              Apokalypse
                              - Das Egregore der Taube oder das Reich
                              des Friedens
Dr. Th. Douglas: Die J akobsleiter
Eva Bell-Werber: Der Weg in ein höheres Bewusstsein
Rosalyn L. Bruyere: Das Geheimnis der Chakras
K.O. Schmitt: Die goldene Regel - das Gesetz der Fülle
Rudolf Steiner: Die Theosophie des Rosenkreuzers
                - Pfingsten - das Fest der freien Individualität
Michel Quoist: Zwischen Mensch und Gott
Kurt Tepperwein: Die geistigen Gesetze
Agnes Sanford: Heilendes Licht
Judiht von Halle: Von Krankheiten und Heilungen

Vom Verfasser der vorliegenden Schrift sind weitere Werke erschienen, die teilweise eine Vertiefung des hier Gesagten ermöglichen:

Tarot - die großen Arkana im Lichte der Hermetik
Zeitfragen im Lichte der hermetischen Philosophie
Vom Bauen am Tempel des Lebens - auf dem Weg zum Sinn, zu
menschlicher Fülle und zur geistigen Bestimmung
Lichtwärts - Betrachtungen für ein geistgemäßes Leben in heutiger Zeit
An die Mutter Erde - Betrachtungen zur spirituellen Entwicklung von
                              Erde und Mensch
Im Namen des Wortes - eine geistige Wegweisung
Partnerschaften im Lichte eines spirituellen Christentums
Auf dem Weg zum Gral
Zeitfragen im Lichte der hermetischen Philosophie

Weitere Schriften und Gedichtbände finden Sie unter: www. perceval-institut.de - Einblicke in mein umfangreiches künstlerisches Werk in Bildern und Skulpturen unter: www.urania-kunst-galerie.com